W0187714

PUFF! PLATSCH! PENG!

Mit 52 Experimenten durch das Jahr

Danke an meine Eltern, die mich immer lehrten, alles zu hinterfragen, zu experimentieren und in jedem Alter ein Forscher zu bleiben. Dieses Buch ist ein Versuch, es an die nächste Generation weiterzugeben und gehört meinen Kindern. Liebe: N.E.X.T.

Saralisa Volm

Danke, Emily, und für Holly, die Frauen auf Y.

Gregor Hinz

Weitere Informationen zum Kinder- und Jugendbuchprogramm der S. Fischer Verlage finden sich auf www.fischerverlage.de

Erschienen bei FISCHER Sauerländer

© 2018 S. Fischer Verlag GmbH, Hedderichstr. 114, D-60596 Frankfurt am Main
Alle Rechte vorbehalten

Umschlaggestaltung: Gregor Hinz; Norbert Blommel, MT-Vreden
Layout: Gregor Hinz
Satz: Tanja Haaf
Druck und Bindung: Print Consult GmbH, München
Printed in Slovakia

ISBN 978-3-7373-5500-1

Saralisa Volm

PUFF!
PLATSCH!
PENG!

Mit 52 Experimenten
durch das Jahr

Mit farbigen Bildern
von Gregor Hinz

✳ | SAUERLÄNDER

Inhaltsverzeichnis

Also, ich bin Richard Kühn. Ich kenne keine Angst. Nicht vor hohen Leitern, die direkt in die Wolken führen, und nicht vor Puff-Peng-Explosionen. Ich war einmal auf der Suche nach meinen Gummibärchen. So habe ich Ed getroffen. Er ist ein Pferd und mein Chef.

Also, darf ich mich vorstellen? Professor Doktor Ed Wentscha. Ich bin der kluge Kopf hinter den Experimenten und der Allermutigste im Geiste. Jede Woche wollen wir ein Experiment durchführen! Wir werden dir zeigen, wie es geht. Du musst natürlich auch was tun und fleißig mitexperimentieren. Und am besten suchst du dir auch einen Partner oder gleich mehrere.

Hallo, ich bin Mou Tiger. Die Jungs und ich kennen uns von einer Forschungsreise zum Thema Keksberge im Schlaraffenland. Mein Spezialgebiet: komplizierte Kompliziertheiten. Mir ist kein Berg zu bergig und keine Frage zu knifflig. Deshalb eile ich immer herbei, wenn ein Experiment besonders schwierig oder gefährlich ist und ihr zu Hause ebenfalls Hilfe von einem Erwachsenen braucht!

Genau. Wenn Mou uns hilft, heißt es immer, dass besondere Vorsicht und Konzentration geboten ist.

Oje ... wo ist Richard denn schon wieder hin? Richard? Du siehst: Zeit, loszulegen. Wir haben ein spannendes Jahr vor uns!

13

Wir machen Musik!
Die Gummigitarre

Beim Experimentieren hören Ed und Richard gerne Musik: Mäusewalzer, Zuckerstangen-Polka oder Budenrabatz von den Tanzenden Einhörnern.

Was du brauchst:
• mindestens 4 verschieden dicke Haushaltsgummis
• 2 Buntstifte • spitze Schere • kleine Pappschachtel
• eventuell Farbe und Pinsel zum Anmalen

Weißt du, Ed, früher wollte ich mal Musiker werden. Aber dann ist mir meine Gitarre beim Tanzen aus dem Fenster gewirbelt und war futsch. Seitdem ist es vorbei mit der Musik.

Instrumente sehen meistens ganz schön kompliziert aus. Aber ich kann dir zeigen, wie du selbst eine Gitarre bauen kannst. Komm mit!

① Schneide vorsichtig ein rundes Loch in die Oberseite der Pappschachtel. Die Schachtel wird der Resonanzkörper. So nennt man den Körper der Gitarre.

② Dann ziehe die Gummis der Größe nach geordnet über das Loch, und versuche einmal, die Gitarre zu spielen. Was hörst du?

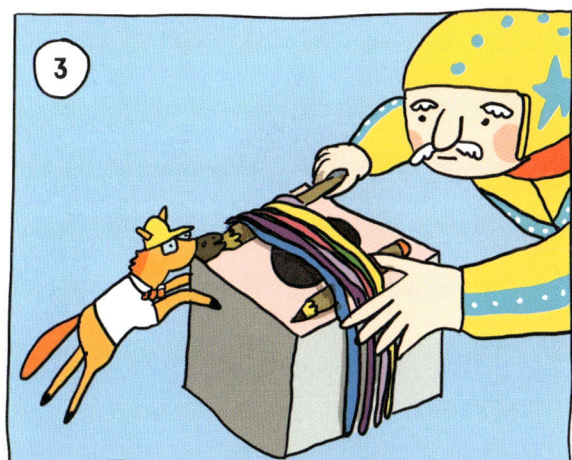

Schiebe links und rechts neben dem Loch jeweils einen Buntstift unter die Gummis. Spiele noch einmal. Na, wie klingt es jetzt?

Wozu braucht man die Stifte?

Alle Saiteninstrumente (also Gitarre, Geige, Harfe …) haben Saiten, die unterschiedlich dick sind, so wie unsere Gummis. Sie werden zwischen zwei Punkten gespannt. In unserem Fall zwischen den Stiften. Die Gummis dürfen nicht auf der Box aufliegen, damit sie frei schwingen können. Die Schwingung wird über die Stifte auf die Schachtel übertragen. Wie bei einer echten Gitarre ist die Schachtel der Resonanzkörper, der die Schwingung dann an die Luft weitergibt. Und ist der Ton erst einmal in der Luft, können ihn alle hören.

Mein Teekesselchen – ein Solarkocher

Heute erwarten Ed und Richard Besuch. Mou kommt vorbei und bringt bestimmt abenteuerliche Geschichten aus der Antarktis, dem Urwald oder von schnellen Fahrzeugen mit. Selbstverständlich wollen Ed und Richard ihr da gerne einen Tee servieren. Natürlich kochen sie das Wasser dafür in ihrem selbst gebauten Solarkocher. Das spart Strom und macht viel mehr Spaß. Allerdings funktioniert das nur an einem sonnigen Tag mit sehr, sehr wenigen Wolken …

Was du brauchst:
• 2 leere Pizzakartons oder Ähnliches • große Pappschachteln • Schere • Klebestift • Alufolie • dunkle Dose oder dunklen Metallbecher • Teebeutel

Wenn nötig, schneide die Kartons so auf, dass du möglichst große Flächen erhältst.

Schneide Alufolie zurecht, und beklebe einen Karton flächendeckend damit. Das ist der Boden deines Kochers.

Falte den zweiten Karton in regelmäßigen Abständen wie auf dem Bild, damit er eine kurvige Form erhält.

Schneide Alufolie zurecht, und beklebe auch den zweiten Karton. Lass dabei aber am unteren Rand ein Stück frei.

Schneide diesen Streifen alle 3 bis 4 cm ein, und klappe die entstehenden Abschnitte nach hinten. Bestreiche sie auf der Unterseite mit Kleber.

Hallo! Ich bin da. Wo seid ihr denn?

Draußen! Lass deinen Mantel ruhig an. Wir kochen hier Tee!

Klebe den gebogenen Karton so auf den Boden. Fest andrücken!

Wenn der Kleber getrocknet ist, suche einen sonnigen Platz, und stelle den Solarkocher dort auf. Die Alufolie sollte gut von der Sonne angestrahlt werden und dich sogar blenden.

Hui, eine Manege!

Komm da raus, sonst wirst du noch gegrillt, Richard!

Fülle den Becher mit Wasser und stelle ihn in die Mitte des Kochers. Jetzt heißt es geduldig sein. Nach einer Weile kannst du feststellen, dass das Wasser warm wird. Nach ca. 30 Minuten fängt das Wasser dann an zu kochen.

Wieso kocht das Wasser?

Die Alufolie reflektiert das Sonnenlicht. Durch die Krümmung des Kochers werden die Lichtstrahlen gebündelt. Eine große Menge Sonnenlicht trifft so auf den Becher. Viel Licht erzeugt Wärme, und so heizt sich das Wasser langsam auf. Die dunkle Farbe des Bechers zieht das Licht außerdem förmlich an und speichert es als Wärme. Vielleicht hast du im Sommer schon einmal beobachtet, wie heiß der schwarze Straßenbelag werden kann? Dadurch geht das Wasserkochen schneller. Je kälter der Tag ist, umso länger kann es dauern, bis das Wasser kocht. Der Solarkocher funktioniert bis 0 °C.

Zaubermünze –
das Geldstück auf der Nase

Was du brauchst:
• eine kalte Nase • Ein-, Zwei- oder Fünfcent-stück • Tasse • Löffel • heißes Wasser aus dem Wasserhahn

Gib die Münze in die Tasse.

Fülle heißes Wasser aus dem Wasserhahn in die Tasse und lass die Münze eine Weile darin warm werden.

Fische die Münze mit dem Löffel aus der Tasse und drücke sie auf deine kalte Nase.

Hui, das ist ja ganz warm!

Wieso klebt die Münze auf der Nase?

Wenn die warme Münze auf die kalte Nase gedrückt wird, passiert etwas ganz Besonderes: Die Luft an der Nase ist kalt und zieht sich zusammen. Warme Luft braucht mehr Platz. Je stärker Luft erhitzt wird, umso mehr dehnt sie sich aus. So kann die warme Luft, die die Münze umgibt, viel Kraft ausüben und sie auf dle Nase drucken. Wenn die Temperatur ausgeglichen ist, fällt die Münze runter.

Ruf mal an – Bechertelefon

Was du brauchst:
- 2 Pappbecher • Schere • Faden
- Nadel • Zahnstocher

Schneide ein langes Stück Faden ab und fädle es in die Nadel ein. Stich im ersten Becher von innen nach außen durch den Becherboden und beim zweiten Becher von außen nach innen.

Schneide vom Zahnstocher zwei kleine Stückchen ab und verknote sie jeweils mit einem Fadenende im Becher.

Zum Hören hältst du den Becher ans Ohr, zum Sprechen vor den Mund. Der Faden muss immer gut gespannt sein, damit es funktioniert.

Wieso hörst du durch den Becher?

Ein Bechertelefon ist der perfekte Überträger von Schallwellen. Wenn du in den Becher sprichst, bringst du seinen Boden zum Schwingen, und diese Schwingung wird dann vom Faden übertragen. Das funktioniert auch, wenn du leise sprichst.

Flieg!
Schnelle Papierflieger

Mous Hubschrauber ist schon ganz besonders alt. Sie bekam ihn von ihrer Großmutter geschenkt, die eine ganz außerordentliche Pilotin gewesen war und Mou das Fliegen beibrachte.

FLUGZEUG 1: DAS ELEGANTE STROHHALM-FLUGOBJEKT
Was du brauchst:
- stabilen Trinkhalm • Tonpapier • Lineal • Bleistift
- Klebeband

Hallo, Jungs! Sagt mal, könnt ihr mir helfen? Meine alte Propellermaschine ist ganz schön lahm geworden. Ich habe sie zwar immer wieder repariert, aber jetzt brauche ich was Neues.

Hm ... was Schnelles. Aber es soll auch Spaß machen, es zu fliegen, oder besonders sein, damit man mich gleich erkennt ...

Was für ein Flugzeug wünschst du dir denn?

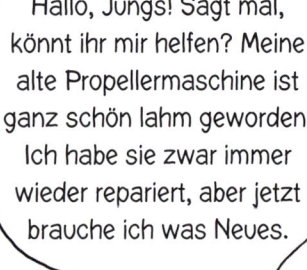

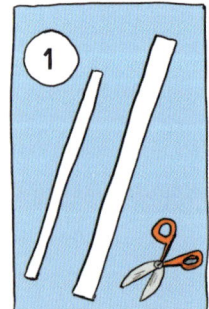

1 Miss auf dem Tonpapier zwei Papierstreifen (15 cm x 1,5 cm und 12 cm x 1 cm) ab und schneide sie zu.

2 Klebe beide Streifen mit Klebeband zu jeweils einem Ring zusammen.

3 Befestige nun mit Klebeband jeweils einen Ring an jeweils einem Ende des Trinkhalms. Fliege es mit dem kleinen Ring nach vorne.

Na ja, wir können ja mal einen Vergleichstest machen. Und dann suchst du dir eines aus.

FLUGZEUG 2: DER KOMPAKTFLIEGER
Was du brauchst:
• 1 quadratisches Blatt Papier

1 Falte das Papier in der Mitte und klappe es wieder auf. Wiederhole das in die andere Richtung.

2 Falte die rechte Hälfte in zwei Etappen zur Mitte hin. Erst die eine Hälfte der Strecke, dann die zweite.

3 Drehe das Blatt um, sodass die gefaltete Seite links und auf dem Bauch liegt. Falte das Blatt in der Mitte von unten nach oben.

4 Knicke die untere linke Ecke zur Kante und wieder zurück.

5 Drücke die linke Ecke nach innen ...

Guck mal! Dieses Flugzeug kann sogar auf zwei Arten fliegen! Das ist perfekt. Damit fliege ich jetzt direkt wieder weiter. Bis bald und Danke!

6 ... und falte die rechte Klappe nach rechts.

7 Falte auch die andere Klappe nach unten.

8 Knicke die Flügel nach unten

9 Knicke einen schmalen Streifen von jedem Flügel nach oben. Das werden die Querruder.

Wie fliegt es sich so?

Wenn du ordentlich gebastelt hast, dann müsste einer der zwei Flieger Loopings machen und einer auf unterschiedliche Weisen fliegen können. Na, welcher macht was? Der Kompaktflieger ist ein Loopingspezialist. Er hat zwar Flügel, aber entscheidend sind die Querruder. Je nachdem, wie man sie faltet, verändern sich die Luftströme. Bei unserem Kompaktflieger führt das zum Looping. Das Strohhalm-Flugobjekt kann entweder mit den Ringen nach oben einen schönen Bogen fliegen oder sich mit den Ringen nach unten startend um die eigene Achse drehen. Entscheidend sind wieder die Luftströme.

Einäugiger Schurke

Kannst du gut zielen? Richard wirft schon den ganzen Tag Bälle auf Dosen und testet, wie gut er darin ist, und freut sich immer, wenn es scheppert.

Was du brauchst:
• Augenklappe oder Tuch • Unterlegscheibe
• Bleistift

Richard, sag mal, kannst du auch mit einem Auge zielen?

Natürlich. Ich bin der allerperfekteste Zielmeister!

Na, das wollen wir mal sehen. Ich habe ein Experiment vorbereitet. Damit finden wir heraus, warum es so wichtig ist, beim Zielen beide Augen zu benutzen.

Verbinde eines deiner Augen mit einem Tuch oder benutze die Augenklappe, sodass du nur noch mit einem Auge sehen kannst.

Versuche, den Bleistift durch die Unterlegscheibe zu stecken. Na, wie klappt es?

Nimm das Tuch ab und versuche es noch einmal. Geht es jetzt leichter oder schwerer?

Warum kann man mit zwei Augen besser zielen?

Mit einem Auge ist es ganz schön schwierig, zu zielen. Jedes Auge schickt nämlich ein etwas anderes Bild an das Gehirn. Erst dort wird dann ein vollständiges Bild zusammengesetzt, das dir beim Zielen hilft. Das, was die beiden Augen da zusammen mit deinem Gehirn machen, nennt man räumliches Sehen.

Wer hat Angst im Dunkeln? Ein Schattenspiel

Endlich ist Mou wieder von ihrer Reise zurück. Sie hat viele spannende Abenteuer in Schattomania erlebt und hat Richard und Ed sogar ein Schattenmonster von dort mitgebracht.

Was du brauchst:
• Tonpapier • Bleistift • spitze Schere • 1 kleines Glas • Klebefilm • 2 kleine Stumpenkerzen • Feuerzeug • helle Wand • dunkles Zimmer

Hallo! Habt ihr Lust auf ein Experiment mit echtem Feuer?

3 Zünde die erste Kerze an. Achtung, mache das nur, wenn ein Erwachsener dabei ist.

1 Zeichne ein gruseliges Schattenmonster auf das Tonpapier und schneide es aus.

2 Klebe das Schattenmonster an das Schnapsglas, damit es gut alleine stehen kann. Stelle es auf einen Tisch in der Nähe einer hell gestrichenen Wand.

Moment, ich muss noch die Vorhänge zuziehen, damit es schön dunkel ist.

Stelle die Kerze hinter das Schattenmonster und bewege sie langsam nach vorne und hinten. Was siehst du?

Zünde die zweite Kerze an und stelle sie auch hinter das Monster. Verändere die Abstände der Kerzen.

Warum sind die Monster so unterschiedlich?

Jede Lichtquelle sorgt für ein eigenes Schattenmonster. Ein Schatten entsteht dort, wo sich ein Gegenstand dem Licht in den Weg stellt. Je näher das Monster an der Kerze steht, umso größer sieht es aus, denn umso mehr Licht der Kerze kann es verdecken. Wenn zwei Kerzen ihren Abstand verändern, so verändert sich auch der Abstand der Schatten. Sind die Kerzen nah beieinander, so überlappen sich die Monster sogar, und es entsteht ein besonders dunkler Fleck, dort wo überhaupt kein Licht hinkommt. Diese Stelle heißt Kernschatten.

Huiuiuiuuu ... das ist aber ein großes Monster!!

Wie stark bist du?
Der Karateschlag

Richard hat vielleicht ein klitzekleines bisschen Angst vor Monstern, aber er ist definitiv der allerallerstärkste Richard, den es gibt. Er kann die hochhaushöchsten Kisten und die kartoffelsack-schwersten Tüten tragen und die dicksten Bretter zu Minikleinholz verarbeiten.

Was du brauchst:
• Sperrholzbrett (ca. 40 cm × 15 cm × 4 mm)
• 2 alte Zeitungen • Tisch

Aber: Jeder kann ein Brett zerschlagen, wenn er weiß, wie man die Kraft des Luftdrucks richtig nutzt. Ich zeige euch, wie ihr so stark sein könnt wie ein Richard!

MOU TIGA ENTDECKT TIERART

① Lege das Holzbrett quer zur Tischkante, sodass es ca. 15 cm übersteht.

② Lege die zwei Zeitungen aufgeschlagen flach über den Teil des Holzbrettes, der auf dem Tisch liegt.

Schlage sehr kräftig mit der Handkante oder auch mit deiner Faust auf den überstehenden Teil des Holzbrettes. Das Brett bricht in zwei Teile.

HA!

Wieso fliegt das Holzbrett nicht mit den Zeitungen durch die Luft?

Wenn man das überstehende Brett ganz langsam nach unten drückt, hebt die andere Seite die Zeitungen nach oben. Warum bricht das Brett dann ab, wenn man schnell und fest daraufschlägt? Der Luftdruck drückt die Zeitungen auf den Tisch. Um nach oben bewegt zu werden, müsste Luft unter die Zeitung strömen können. Aber dafür lassen wir ihr keine Zeit.

Sei vorsichtig an der Kante. Du könntest dich an den Splittern verletzen.

Ed ist schon ganz erschöpft vom Schneewettkampf. Der siebenstarke Richard erfindet ständig neue Sprünge, und die schneeschnelle Mou saust so zügig, dass man sie kaum sehen kann. PUFF! Da kommt ein Schneeball angeflogen und trifft Ed mitten auf den Bauch!

32

Der Pfefferkörnertanz

Eigentlich sinken Pfefferkörner in Flüssigkeiten nach unten, man kann sie aber auch tanzen lassen, wenn man weiß, wie. So sind sie dann ein tolles Erlebnis für Richard.

Was du brauchst:
- 2 Gläser, in die man gut reingucken kann
- 20 Pfefferkörner • Leitungswasser
- Sprudelwasser

Puh, ich bin ganz erschöpft. Also, ich muss erst mal ein Bad nehmen.

Ja, wunderbar. Was gibt es zu entdecken? Was soll ich suchen?

① Fülle ein Glas mit Leitungs- und das andere mit Sprudelwasser.

Gib in jedes Glas 10 Pfefferkörner und beobachte, was passiert.

Warum liegen die denn so faul da rum?

Hier wird getanzt.

Warum tanzen die Pfefferkörner im Sprudel?

Wenn du genau hinsiehst, kannst du erkennen, dass an den Pfefferkörnern im Sprudelwasser kleine Bläschen kleben. Das ist ein Gas, das Kohlenstoffdioxid. Es ist im Sprudelwasser gelöst, wenn das Wasser unter Druck steht, also einge-schlossen ist, wie zum Beispiel in einer Flasche.

Wenn du die Flasche öffnest, sprudelt es, denn das Gas entweicht nun aus dem Wasser, weil es Platz hat. Sinken die von Wasser getränkten Pfefferkörner nun ab, trägt das Gas sie wieder nach oben, weil es leichter ist als Wasser und nach draußen möchte.

Schwupps – das Schnellboot

Hui ... was kommt denn da für ein Boot? Das ist ja Mou!

Was du brauchst:
• Auflaufform • Alufolie • Bleistift • Schere • Spülmittel

Mancherorts ist es nicht so leicht, einen Landeplatz für ein Flugzeug zu finden. Deshalb habe ich immer mein kleines Schnellboot dabei. Wollt ihr es mal sehen?

Aber natürlich. Das sieht ja sehr handlich aus

1 Zeichne auf die Alufolie ein Schnellboot und schneide es aus. Es ist wichtig, dass du hinten eine kleine Fläche ausschneidest, zum Beispiel ein Dreieck.

2 Gieße Wasser in die Auflaufform, bis der Boden überall ordentlich bedeckt ist. Du kannst das Experiment auch in der Badewanne machen, wenn du magst.

Wieso düst das Boot davon?

Die Oberflächenspannung lässt das Boot auf dem Wasser treiben. An der Stelle, wo das Spülmittel in das Wasser tropft, wird die Oberflächenspannung zerstört. Vor dem Boot ist sie noch intakt. Wenn die Wasseroberfläche nun aufreißt, wie ein Reißverschluss, dann zieht sie das Boot mit sich mit nach vorne.

Machs gut.

Tschüüüüüs! Bis ganz bald!

Bis bald.

3 Lege das Boot vorsichtig am Rand der Auflaufform aufs Wasser.

5 Und los gehts!

4 Gib einen Tropfen Spülmittel auf den Stiel des Löffels und lass ihn von dort vorsichtig im ausgeschnittenen Dreieck ins Wasser gleiten.

Abrakadabra – ein Zaubertrick

Papier kann ganz schön stark sein, aber Ed kennt einen Zaubertrick, bei dem es noch unglaublich superstärker wirkt. Damit kannst du alle verblüffen und Richard ganz besonders. Denn der vergisst manchmal, genau zu beobachten. Also aufgepasst und einen Zauberspruch bereithalten ...

Was du brauchst:
• 2 Spielkarten aus dem gleichen Set • Alleskleber
• 1 Becher (nicht durchsichtig)

Heute morgen habe Ich ein wenig experimentiert und herausgefunden, dass ein Becher auf einer einfachen Spielkarte stehen kann. Guck mal, Richard ...

Uiuiui ... Das dünne Kärtchen ist ja stärker als ich!

① Biege eine der beiden Spielkarten leicht in der Mitte, ohne dass ein Falz erkennbar wird.

② Streiche auf die Hälfte der Vorderseite Alleskleber und klebe die Karte flächendeckend auf die Rückseite der anderen Karte.

Guck, so gehts!

③ Presse die beiden Karten gut aufeinander, bis der Kleber getrocknet ist.

④ Stelle die nicht angeklebte Hälfte der Karte ein wenig aus und stelle den Becher auf die verklebten Karten. Es hält!

Eine Zauberei! Da brauche ich doch meinen Zauberhut und meinen Stab, und wo ist mein Mantel?

Der Trick

Wenn du nun den Becher auf die Karten stellst, ist es wichtig, dass der Becher an mehreren Stellen Halt findet. Auf einer einzelnen Karte hätte er keine Stabilität, und die Schwerkraft, die alles Richtung Boden zieht, könnte ihn kippen. Wie ein Tisch braucht er mehrere Stützen. Es ist ganz besonders wichtig, dass du die Karten schnell bewegst und keiner erkennen kann, dass es eigentlich zwei Karten sind. Nur so glauben dir die Zuschauer. Wichtig ist es auch, ein paarmal zu üben, bevor du den Trick vorführst.

Halt mich fest!
Ein starker Magnet

Mit einem Zaubertrick sieht es so aus, als könnte etwas schweben ...

Was du brauchst:
• 1,5 Volt Batterie • ca. 7 cm lange Schraube aus Eisen • Krokodilkabel • Malerkrepp • kleine Eisenteile: Büroklammer, Unterlegscheibe, Schlüsselchen ...

... tut es aber gar nicht! In Wirklichkeit geht das nur mit richtiger Physik.

Oder mit extra-starkem super-duper-durchsichtigen Spezialklebeband.

Eleganter geht es mit einem Magneten. Den kann man sogar selbst bauen. Schaut ...

Teste, ob die Schraube die kleinen Eisenteile anziehen kann. Nein, richtig?

Wickle das Kabel eng um die Schraube und fixiere es mit dem Malerkrepp.

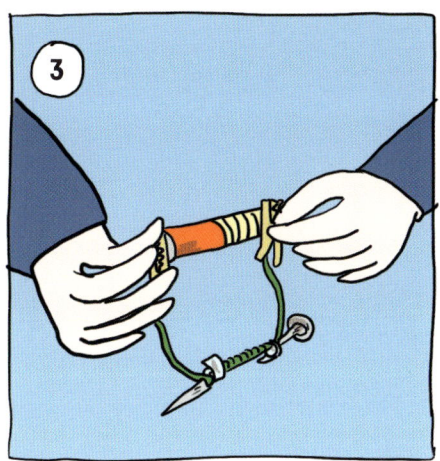

Nun hältst du jeweils eine Kroko-
dilklammer an beide Enden der
Batterie.

Das Kabel nicht zu lange an die Batterie halten. Das wird sonst ziemlich heiß!

Nun teste erneut, ob die Schraube die kleinen
Eisenteile anzieht. Jetzt funktioniert es!

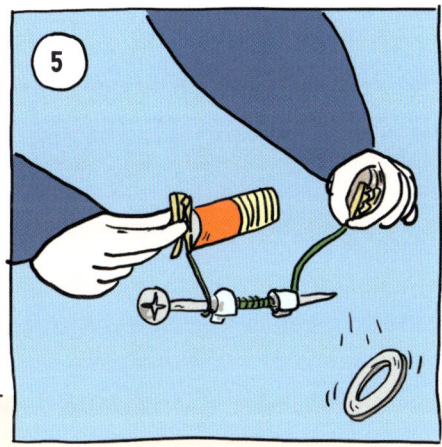

Nimm eine Krokodilklemme von
der Batterie, während ein Eisen-
teil an der Schraube hängt, und
beobachte, was passiert.

Wie wird die Schraube zum Magneten?

Ein Eisenstück besteht aus vielen winzigen
Magneten, die aber so chaotisch angeordnet
sind, dass sie keine anderen Teile halten können.
Ein Elektromagnet besteht aus einer Spule, also
aufgewickeltem Draht. Wenn durch den Draht,
der in unserem Kabel steckt, Strom fließt, entsteht drum herum ein Magnetfeld. Wenn sich ein
Eisenstück, wie unsere Schraube, darin befindet,
ordnen sich die kleinen Magnete, die vorher ganz
chaotisch angeordnet waren, in eine Richtung
und können andere Metallteile halten.

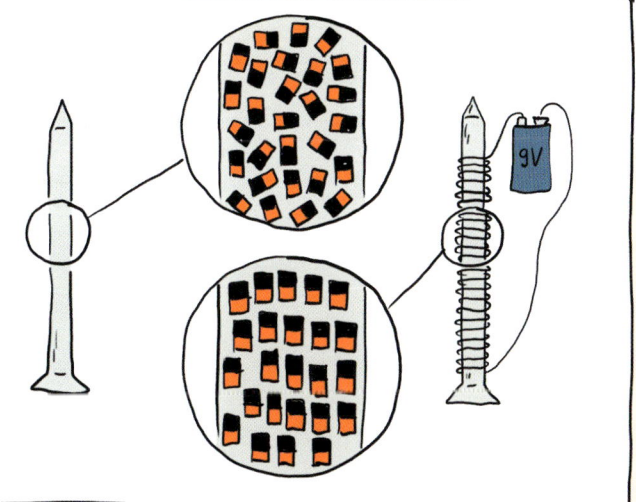

Wie hart ist Papier?
Eine Faltbrücke

Jetzt sind fast alle Experimente im März geschafft, Richard soll schon einmal aufräumen ...

Was du brauchst:
• 2 Tassen (gleich hoch) • 1 DIN-A4-Blatt Papier
• 1 Plastikbecher • einige Murmeln oder Steinchen
• eine Küchenwaage

Was ist denn da schon wieder los? Ein einziges Blatt kann dich doch so nicht halten, Richard. Du musst es richtig falten, dann wird Papier zu einer stabilen Brücke, die dich über eine Schlucht bringen kann.

1

2

Teste zunächst, was das Blatt Papier aushält, wenn du es als Brücke über die bei den Tassen legst. Dafür stellst du die Tassen auf den Kopf und mit dem nötigen Abstand voneinander auf. Dann legst du das Blatt Papier darüber. In den Plastikbecher gibst du 3–4 Murmeln, damit er nicht wegweht. Wenn du versuchst, den Plastikbecher auf dem Papier abzustellen, wird sich dieses sofort durchbiegen.

Deshalb wird jetzt gefaltet. Du legst das Papier der Länge nach vor dich hin und klappst jeweils einen Zentimeter um, wie bei einer Ziehharmonika oder einem Fächer. Wichtig ist, dass du möglichst genau und gerade faltest, sonst ist die Brücke nachher schief und krumm.

Jetzt kommt der große Moment: Lege das gefaltete Papier auf die Tassen, ziehe es ein wenig auseinander und stelle den Plastikbecher darauf ab. Wow! Das Papier ist stark genug, um den Becher zu tragen.

Aber wie stark ist die Brücke wirklich? Was passiert, wenn du jetzt nach und nach weitere Murmeln oder Steinchen in den Becher gibst? Fülle den Becher so lange auf, bis die Brücke zusammenbricht.

Wie wird das Papier stabil?

Jeder einzelne Knick hilft, das Papier stärker zu machen. Die Unterteilung in einzelne Papierstreifen, die alle nebeneinanderliegen, aber in unterschiedliche Richtungen zeigen, lassen das Papier jetzt nicht mehr flach, sondern auch hoch sein. Dadurch wird das Gewicht besser verteilt. Aus Papier kann man deshalb auch stabile Umzugskartons herstellen, für die man Papier zu Wellpappe verarbeitet.
Übrigens funktionieren so auch echte Brücken, indem Stahl und Beton dabei das Gewicht gleichmäßig verteilen. So kann ein sehr großes Gewicht getragen werden.

44

45

Unterirdisch – so leben die Regenwürmer

Regenwürmer verstecken sich gerne unter der Erde, wo es feucht und kühl ist. Nur wenn es regnet, kommen sie heraus und laufen dann Gefahr, blitzschnell von Richard gefangen zu werden …

Was du brauchst:
• ein großes Einmachglas • Gartenerde • Sand (z. B. aus dem Sandkasten) • leicht verrottende Blätter • ca. 10 Regenwürmer • Alufolie

Als Erstes geht es raus in den Garten oder den Park. Für dieses Experiment werden Regenwürmer benötigt. Sammle ungefähr 10 Stück in einem Glas oder Eimerchen.

Gib zunächst die Erde in das Einmachglas (ca. 10 Fingerbreit hoch), dann den Sand (ca. 6 Fingerbreit hoch).

Setze die Regenwürmer auf den Sand und beobachte, wie sie sich im Sand verkriechen.

Wenn die Regenwürmer verschwunden sind, wässere den Sand ein wenig, aber auf keinen Fall zu viel. Es soll feucht sein im Glas, aber das Wasser sollte nicht im Glas stehen.

Lege die Blätter auf den Sand. Verschließe das Glas mit Alufolie, aber stich ein paar kleine Löcher hinein, damit es einen Luftaustausch geben kann.

Stelle das Glas an einen dunklen, kühlen Ort und beobachte es gelegentlich.

Nach einer Woche kannst du die ersten eindeutigen Veränderungen erkennen.

Nach drei Wochen sieht man dann, wie die Regenwürmer den Boden verändern: Sand und Erde vermischen sich immer mehr und die Blätter verschwinden.

Wohin verschwinden die Blätter?

Nachts kommen die Regenwürmer aus ihrem dunklen Versteck, weil sie Hunger haben. Dann schnappt sich jeder ein Stück Laub und verkriecht sich damit wieder in seiner eigenen Röhre. Die Röhren sorgen für eine gute Belüftung des Bodens. Wenn der Regenwurm mal zur Toilette muss, dann kommt er wieder an die Oberfläche und setzt dort einen Ringelhaufen ab. So machen die Regenwürmer aus alten Blättern neue Erde, in der neue Bäume wachsen können.

Der Wettbewerb für Keimlinge

Heute herrscht ganz besondere Betriebsamkeit, denn der Super-Schnellkeim-Wettbewerb findet statt, und von überallher kommen eiweißbepackte, ehrgeizig guckende Hülsenstärklinge, um dieses Ereignis auf keinen Fall zu verpassen. Dieses Jahr treten an: Leni Linse, Eddi Erbsenzähler, Bonifaz Schwarz, Lina Teller und Bohnita Blanca.

Was du brauchst:
• 1 großes Einmachglas • 2 große Wattepads
• 5 getrocknete Hülsenfrüchte (zum Beispiel: 1 rote Linse, 1 Erbse, 1 schwarze Bohne, 1 Teller-linse, 1 weiße Bohne) • Alufolie

Befeuchte die 2 Wattepads, sodass sie feucht sind, aber nicht tropfen.

Lege die Wattepads auf den Boden des Einmachglases und platziere die 5 Hülsenfrüchte auf der Watte.

Achtung! Alle mal ordentlich aufstellen. Ich muss kontrollieren, ob sie auch hübsche Schalen haben. So schrumpelig wie die Erbse da ist, das geht aber nicht.

Unterschätze die schrumpeligen Erbsen nicht, Richard. Man kann von außen nicht sehen, was in ihnen steckt! Deshalb kann hier jeder mitmachen.

③ Verschließe das Glas mit Alufolie und stich oben kleine Löcher für den Luftaustausch hinein.

Jetzt heißt es geduldig sein und jeden Tag genau beobachten, wer am schnellsten sprießt, bis richtige kleine Pflänzchen entstehen.

Wer mag, kann die kleinen Pflänzchen dann auch mit Blumenerde in einen Blumentopf pflanzen.

Wieso keimen die Hülsenfrüchte unterschiedlich schnell?

Jeder Samen keimt anders. Ob schnell oder langsam, kümmerlich oder unmerklich: Aus jedem Samen kann eine große Pflanze werden. Im Samen sind alle Stoffe vorhanden, die die Pflanze am Anfang zum Keimen und Wachsen benötigt: Eiweiß und Stärke, Vitamine und Spurenelemente. Das ist quasi gespeicherte Energie, und davon hat jede unterschiedlich viel. Kommt Wasser dazu, beginnen die Hülsenfrüchte zu keimen.

Farbe wechsle dich – Tulpentausch

Nächste Woche kommt Mou schon wieder und Richard ist ganz aufgeregt. Er will ihr unbedingt ein besonderes Geschenk machen.

Was du brauchst:
• 3 hohe Gläser oder Vasen • 3 Tuben Lebensmittelfarbe (z. B. rot, gelb und blau) • Löffel
• 3 weiße Tulpen • ein Messer

Fülle die Gläser oder Vasen jeweils zur Hälfte mit Wasser.

Gib in jedes der Gläser eine Tube Lebensmittelfarbe. Rühre gut um, bis sich die Farbe komplett aufgelöst hat.

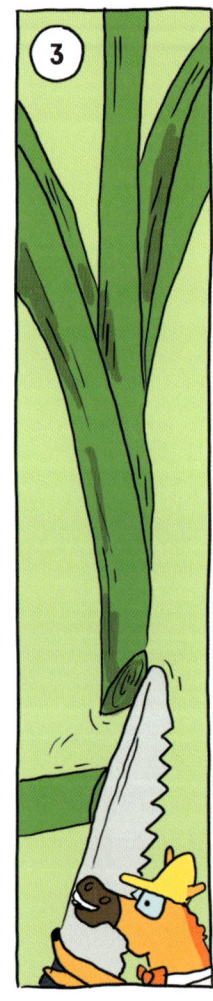

Schneide den Stiel der Tulpen schräg ab.

Warum werden die Tulpen bunt?

Alle Pflanzen und Tiere brauchen Wasser, damit sie überleben können. Normalerweise ziehen die Tulpen das Wasser mithilfe ihrer Wurzeln aus der Erde. Wenn sie abgeschnitten in einer Vase stehen, wird das Wasser direkt vom angeschnittenen Stiel in alle Regionen der Tulpe geliefert: in den Stiel, die Blätter und die Blüten. Wenn nun Farbe im Wasser ist, wird das ebenfalls überallhin transportiert, und wir können an den bunten Blüten den Weg des Wassers erkennen.

Uiuiuiuuiuiu ... werden die jetzt bunt? Wie lange soll das denn noch dauern? Uiuiuiuuiui!

Stecke jede Tulpe in ein Glas. Nach ungefähr vier Stunden beginnen die Tulpen, sich zu verfärben.

Nach ein paar Tagen erlebst du dann dein buntes Wunder.

Zu viele Bakterien? Natürliches Antibiotikum

Es gibt Pflanzen, die Stoffe entwickeln, die gegen Bakterien und Pilze wirken. Die Wirkung der Stoffe nennt man antibiotisch. Das heißt so viel wie: gegen Bakterien. Wenn Menschen diese Pflanzen essen oder Medikamente daraus herstellen, können sie diese Kraft nutzen.

Was du brauchst:
• 4 kleine Gläser • 4 einfarbige Aufkleber • Stift
• 3 TL Zucker • ½ Würfel Hefe • Messbecher
• Oreganoöl oder Teebaumöl (vorsicht: sehr scharf, nicht an die Schleimhäute bringen!)
• Senfsamen • Mörser • Stift und Papier

Ich hab mir was eingefangen. Das ist ein klassischer Bakterienangriff! Husthust!

Kann man da denn nichts unternehmen? Das geht doch nicht. Wir wollen doch experimentieren heute ...

Doch Richard, komm. Wir testen mal ein paar Sachen.

Stelle die Gläser nebeneinander auf, klebe die Sticker auf die Gläser und schreibe darauf die Nummern von 1 bis 4.

Gib in die Gläser 2–4 jeweils einen Teelöffel Zucker.

Teile den Hefewürfel in 3 gleich große Teile.

Fülle den Messbecher mit 500 ml warmem Wasser (35 °C).

Notiere auf dem Blatt genau, was du in welches Glas gibst. Lege eine Tabelle an.

Ihr müsst hier wirklich sehr genau arbeiten! Die einzelnen Mischungen dürfen nicht verunreinigt werden, damit dein Ergebnis nicht ... husthust ... verfälscht wird. Immer schön die Löffel sauber halten. Und zügig. Und immer schön zu zweit. Schritt für Schritt ...

Brösele ein Stück Hefe fein in Glas 1 und fülle es mit 100 ml Wasser auf.

Wiederhole das mit Glas 3, gib ein paar Tropfen Oreganoöl dazu und fülle es mit 100 ml Wasser auf.

Krümele das letzte Stück Hefe in Glas 4. Gib ein paar Senfkörner in den Mörser und stoße sie fein. Gib die Senfkörner ebenfalls in das Glas und fülle es mit dem restlichen Wasser auf.

Brösele ein Stück Hefe fein in Glas 2 zum Zucker und fülle es mit 100 ml Wasser auf.

Ed, hier ist jetzt deine Medizin: Senf-Oregano-Suppe ...

Das ist viiieel zu scharf. Das kann man so nicht essen ... hust

Decke alle Gläser gut mit Alufolie ab und stelle sie an einen warmen Ort.

Warum entsteht der Schaum oder auch nicht?

Die Hefe ist ein Pilz und benötigt zum Wachsen Nahrung. Er isst Zucker. Daraus stellt der Pilz dann Alkohol und Kohlendioxid her. So macht man mit Hefe zum Beispiel Bier. Das Kohlendioxid ist ein Gas und wenn die Hefe gut wächst, macht das Gas die Schaumkrone.

Glas 1: Da kein Zucker im Glas ist, kann die Hefe auch nicht wachsen. Deshalb entsteht auch kein Schaum.

Glas 2: Hefe und Zucker sind ideale Partner. Die Hefe schäumt über vor Freude.

Glas 3: Kommt Oreganoöl hinzu, das auch intensiv riecht, gibt es gar keinen Schaum. Die Hefe kann wegen bestimmter Bestandteile, den Phenolen, die sehr stark antibakteriell wirken, nicht wachsen.

Glas 4: Senf enthält auch Stoffe, die antibakteriell wirken (Senfölglykoside). In den frisch gemahlenen Senfsamen ist aber nicht so viel davon drin. Daher entsteht ein bisschen Schaum.

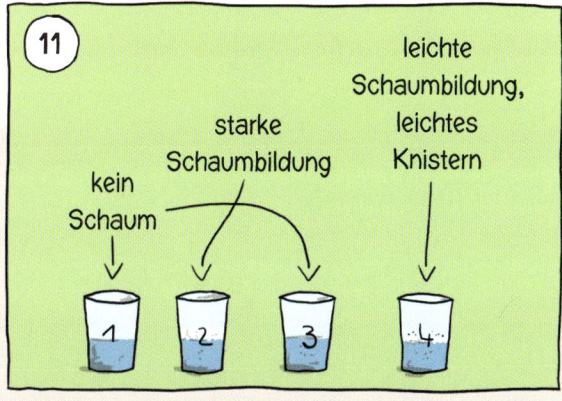

Sieh nach ungefähr einer halben Stunde nach, was passiert ist. In manchen Gläsern ist eine Schaumkrone erkennbar. In anderen nicht. Notiere deine Beobachtungen.

55

Ich sehe was, was du nicht siehst. Eine optische Täuschung

Wenn Richard etwas partout nicht machen will, dann lässt Ed sich einen Trick einfallen. Zum Beispiel etwas, das eigentlich gar nicht sein kann.

Was du brauchst:
• 1 kleines Stück Tonpapier (8 cm x 12 cm)
• Lineal • Schere • einige Münzen (davon eine 1-Cent-Münze) • 1 erbsengroße Kugel Knete

> Guck genau hin, Richard, was ich hier mache. Es ist wirklich ein kleines Wunder.

Zeichne auf jeder Seite des Blatts an der kurzen Seite nach jeweils 2 cm einen Punkt. Das ergibt 6 Markierungen.

Falte das Blatt jeweils zwischen zwei Punkten, sodass eine Treppe entsteht.

Lege das Papier flach auf den Tisch und miss an der obersten Kante 1,5 cm nach innen ab. Setze dort eine Markierung. Wiederhole den Vorgang an jeder zweiten Linie von oben. Verbinde die Punkte mithilfe von Lineal und Bleistift mit den Außenkanten, sodass eine Zickzacklinie entsteht.

Schneide mit der Schere entlang der gezeichneten Zickzacklinie.

Stelle die Treppe auf den Tisch.
Stütze sie von hinten mit
Münzen ab.

Stelle einen Münzstapel unten
auf die linke Seite der Treppe.

Drücke die Knetkugel leicht auf
die 1-Cent-Münze und presse die
Münze auf der rechten Seite auf
die Vorderseite der ersten Stufe.

Ich komm jetzt raus!
Kann ich auf die Treppe
steigen? Ich laufe auf
einer Wundertreppe.
Hoch, runter. Hoch,
runter.

Ändere den Blickwinkel und
beobachte, wie sich die Treppe
vor deinen Augen immer wieder
verwandelt.

Wie kann eine Treppe aussehen wie zwei?

Der Schein trügt. Die eine Seite der Treppe
wirkt normal, weil der Rand normal geschnitten ist. Unsere Sehgewohnheiten werden nicht
herausgefordert. Das Auge orientiert sich an
den Linien und Winkeln. Wenn wir diese durch
den Zickzackschnitt ändern, kommt unser
Gehirn durcheinander. Es interpretiert die
rechte Seite der Treppe anders, weil die Winkel
am Rand der Stufen so sind, als sei die Treppe
verkehrt herum.

Das Bohnenlabyrinth

Dass Hülsenfrüchte besondere Kräfte haben, wissen wir schon. Aber wer konnte denn ahnen, dass sie auch extrem schlau sind und sogar den Weg aus einem Labyrinth heraus finden können?

Was du brauchst:
• 1 kleine Pappschachtel mit Deckel (ca. 10 x 20 x 8 cm) • 1 Stück Karton • Schere • 1 kleinen Blumentopf, der in die Schachtel passt • eventuell einen kleinen Untersetzer • ein wenig Blumenerde • 3 Bohnen • Klebestift

1

Schneide ein kleines Loch in die Mitte der Vorderseite der Pappschachtel, in etwa so groß wie eine kleine Geldmünze.

2

Aus dem Karton schneidest du zwei Trennwände. Schneide sie oben so zurecht, dass der Deckel zugehen kann, wenn die Wände eingesetzt werden.

3

Bestreiche zwei Kanten der Trennwände mit Klebstoff. Platziere die Wände so in der Schachtel, dass ein Labyrinth entsteht.

4

Gib die Blumenerde in den Blumentopf.

Richard, wo steckst du denn? Komm jetzt sofort da raus. Wir wollen die Schachtel jetzt zumachen.

Aber ich kann den Ausgang nicht finden ...

5 Pflanze die Bohnen ca. ½ cm tief in die Erde und gieße das Ganze ein wenig.

6 Stelle den Blumentopf (wenn er Löcher hat, auf einem Untersetzer) in die hinterste Ecke der Schachtel, gegenüber dem Loch.

7 Stelle die geöffnete Schachtel für 5 bis 7 Tage ans Fenster und warte, bis die Bohnen sprießen.

8 Setze den Deckel auf den Karton und sieh ab jetzt jeden Tag nach, wie die Pflänzchen wachsen. Wenn die Erde zu trocken wird, gieße sie ein wenig.

Warum wachsen die Bohnen zum Loch hinaus?

Alle Pflanzen wachsen zum Licht, denn sie benötigen die Sonnenstrahlen, um Chlorophyll zu bilden, und das brauchen sie zum Wachsen. Aber wie können sich die Pflanzen so verbiegen, sie haben doch keine Muskeln wie Richard? Dafür ist das Wachstumshormon Auxin, eine Chemikalie, die in den Pflanzen vorkommt, verantwortlich. Sie kommt nur auf der Seite der Stängel vor, die im Schatten liegt, und macht die Pflanze dort stärker. Die schwache Seite gibt dadurch nach und die Pflanze neigt sich zur Sonne.

Lass fliegen – die Streichholzrakete

Mou ist ja schon immer schnell unterwegs gewesen, aber jetzt hat sie eine neue Megafeuer-Super-Express-Maschine entwickelt, mit der sie zickzackschnell um die Welt düsen kann.

Was du brauchst:
• Streichhölzer • 2 Büroklammern • Alufolie

Biege die eine Büroklammer so auseinander, dass eine lange Strecke Draht entsteht.

Lege das Streichholz und den Draht nebeneinander auf die Alufolie, sodass der Draht mit dem Streichholzkopf abschließt und darüber noch etwas Alufolie ist. Umwickle die beiden Teile möglichst eng mit der Alufolie. Knicke die am Kopf überstehende Alufolie um.

Soll ich euch mal zeigen, wie das geht?

Ziehe den Büroklammerdraht aus der Rakete. Der entstandene Raum ist der Abgaskanal.

Aber immer nur draußen. Kein Feuer in der Wohnung!

4 Knicke die zweite Büroklammer zu einer geeigneten Startrampe um.

5 Stelle die Rakete darauf und halte ein entzündetes Streichholz unter den Raketenkopf.

6 Es beginnt zu zischen und zu stinken. Rauch strömt aus dem Abgaskanal. Beobachte, wie die Rakete abhebt.

Juchhuuuuu, ich fliiiieeee- ge ...

Na ja, steuern musst du natürlich trotzdem. Guck ... so! Bis bald!

Eine Rakete zu bauen, ist ein sehr komplexes Unterfangen. Deshalb halte dir einfach die Materialien bereit und probiere verschiedene Varianten aus, bis die Rakete am besten funktioniert. Sie kann bis zu mehrere Meter weit fliegen, wenn sie richtig konstruiert ist.

Warum hebt das Streichholz ab?

Am Raketenkopf entsteht ein Feuer, das gerne an Ort und Stelle explodieren möchte. Es ist jedoch durch die Alufolie eingesperrt. Deshalb werden all das Feuer, der Rauch und der Druck in den Abgaskanal gelenkt. Dadurch bekommt die Rakete Antrieb und hebt ab.

Was ergibt Lila?
Farbenmischen

Mou ist mal wieder auf Entdeckungsreise. Diesmal sucht sie nach Sonderkobolden auf einer einsamen Schlaraffeninsel. Oder nach etwas anderem. Richard hat es schon wieder vergessen. Sauer ist er trotzdem.

Was du brauchst:
• 6 Gläser • Lebensmittelfarbtabletten zum Eierfärben (gelb, blau, rot) • Löffel • 3 Trinkhalme

Ich möchte auch etwas Aufregendes erleben. Ich möchte auch, dass unser Leben überspannend und munterklabunter ist. Ich will in Zuckerwatte tauchen oder ...

Munterklabunter? Tauchen? Weißt du was? Wir können Wasser färben und dabei sogar was lernen! Hast du Lust?

Fülle Wasser in die Gläser.

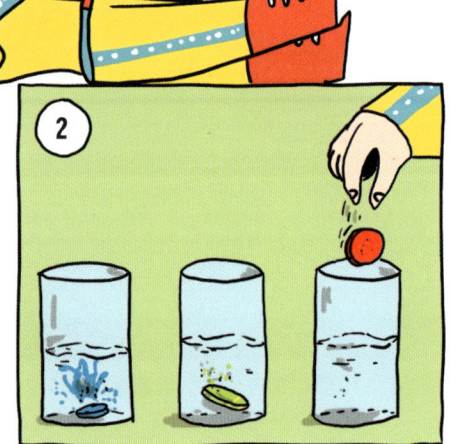

Gib in 3 Gläser jeweils eine Farbtablette.

Rühre um, bis sich jede Tablette aufgelöst hat. Säubere nach jedem Rühren den Löffel. Sonst vermischst du die Farben schon zu früh.

Nimm einen Trinkhalm. Für jede Farbe gibt es einen. Wir verwenden ihn jetzt als sogenannte Pipette. Stecke ihn tief in das Glas mit dem blauen Wasser. Halte die obere Öffnung mit deinem Finger zu und ziehe ihn aus dem Glas heraus. Wichtig ist, dass du den Finger die ganze Zeit fest auf die obere Öffnung gepresst hältst. Dann stecke den Trinkhalm in ein leeres Glas und löse den Finger. Jetzt läuft das blaue Wasser in das Glas.

Nimm einen neuen Trinkhalm und transportiere rotes Wasser aus dem Glas mit rotem Wasser in das Glas, in das du bereits das blaue Wasser gegeben hast. Was passiert, wenn die beiden Farben gemischt werden?

Wie entstehen die neuen Farben?

Rot, Gelb und Blau sind die Grundfarben, aus denen alle anderen Farben gemischt werden können. Alle Farben lassen sich also auch in diese drei Grundfarben aufteilen. Grün (Blau + Gelb), Lila (Rot + Blau) und Orange (Gelb + Rot) sind gemischte Farben. Wenn man mit dem Mischen immer weitermacht, dann ergibt sich irgendwann braunes Matschfarbenwasser. Probiere es aus!

Richard ist so glücklich im Regenbogen-Wunderwasser und so begeistert von den Blubberblasen, die er macht, dass er vor lauter Abenteuer gar nicht mehr weg möchte. Nicht einmal Mou hat er bemerkt, die an die Scheibe klopft.

Eine eigene Welt im Glas – die Minibiosphäre

Also, du musst die kleine Welt natürlich noch zu-sammenbauen.

Na toll. Ich muss also wieder schlepptragen und hammerklopfen und bausägen und und ...

Richard ist etwas enttäuscht, aber eine Biosphäre ist die großartigste Möglichkeit, um ihn zu besänf-tigen. Denn hier gießen die Pflanzen sich selbst und er kann in Zukunft die Beine hochlegen.

Was du brauchst:
• 1 großes Einmachglas oder ein noch größeres Glas • eine Handvoll kleine Steine • Blumenerde
• 1 kleinen Steckling / 1 kleine Pflanze (je nachdem wie groß das Gefäß ist) • Deckel oder Klarsichtfolie

Also, eigentlich müsstest du erst einmal Erde und Steine holen ...

Lege die Steine unten in das Glas.

Gib die Erde darauf.

Pflanze den Steckling ein.

Gieße den Steckling und die Erde, sodass es im Glas feucht, aber keineswegs nass ist.

Jetzt machst du die Biosphäre zu. Deckel drauf oder mit Frisch-haltefolie abdecken.

Stelle das Glas auf die Fenster-bank, sodass es hell ist, aber nicht in der prallen Sonne steht.

Warum muss man in der Minibiosphäre nicht gießen?

Genau wie wir Menschen, wenn wir schwitzen, geben auch Pflanzen Wasser an die Umwelt ab. Was sie über die Wurzeln aufnehmen, verdunsten sie über Spaltöffnungen in ihren Blättern. Das Wasser steigt dann nach oben. In der Natur wird es zu Wolken, die irgendwann wieder Regen bringen. In unserer Biosphäre ist das Wasser aber im Glas gefangen. Es beschlägt und es bilden sich Tropfen an Glas, Folie oder Deckel. Diese Tropfen gießen die Pflanze nun erneut.

Ja, und das geht jetzt für immer so. Du musst nur beachten, dass es nicht zu feucht oder zu trocken ist. Sollte es schimmeln, musst du mal lüften. Sollte die Pflanze etwas vertrocknen, musst du doch ein wenig nachgießen.

Und die Pflanze macht jetzt alles alleine und ich muss ihr gar nicht helfen?

Was du brauchst:
• Zirkel • Lineal • Tuch zum Augenverbinden

Komm mal runter da. Diesen Versuch müssen wir zu zweit machen.

Ui, wieder Augen verbinden?

Und ausziehen kannst du dich auch gleich. Wir brauchen heute deine ganze Haut.

1 Ich bin so weit!

Verbinde deinem Experimentierpartner die Augen, sodass er nichts mehr sehen kann.

2 Setze beide Zirkelspitzen gleichzeitig im Abstand von einem halben Zentimeter auf eine seiner Fingerkuppen. Was nimmt er wahr? Normalerweise spürt er beide Berührungspunkte.

3 Aber schön vorsichtig sein mit den spitzen Dingern da, ja!? Das tut mir sonst ja weh!

Wiederhole den Vorgang auf der Handinnenfläche. Was spürt dein Partner jetzt? Vermutlich nur noch einen Pikser (Reiz).

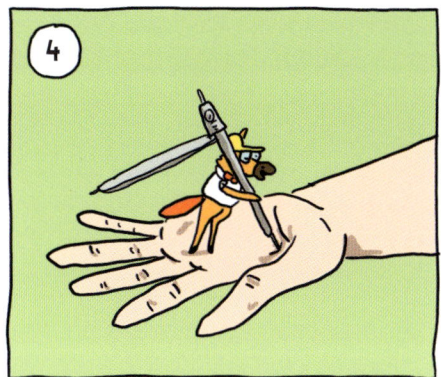

Was passiert, wenn du mal nur eine Spitze aufsetzt oder den Abstand der Zirkelspitzen vergrößerst? Du darfst gerne experimentieren.

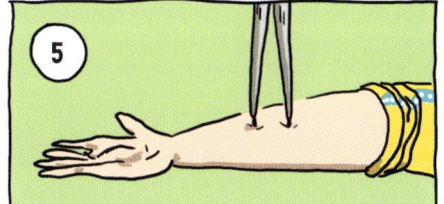

Teste, welchen Abstand an Unterarm und Rücken dein Partner als zwei Pikser wahrnimmt. Wähle einen Wert in der Mitte.

Jetzt musst du dich bitte mal hinlegen. Auf den Bauch.

hihihihi

Streiche mit den beiden Zirkelspitzen in einem Abstand, der dem Mittelwert entspricht, über den Körper deines Partners, von den Händen bis zu den Fußsohlen. Wann spürt er zwei Reize, wann einen?

Hui, das kitzelt fünftausendfach. Hui.

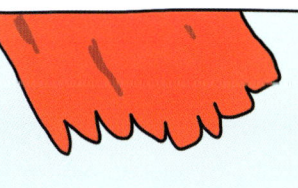

Wieso nimmt man die Zirkelspitzen mal als eine und mal als zwei wahr?

Unter unserer Haut gibt es verschiedene Rezeptoren – das sind Körperchen, die die Reize übermitteln – für Berührung. Sie heißen paccinische Körperchen und merkelsche Scheiben. Mit ihrer Hilfe können wir erkennen, wie lange und in welcher Form uns etwas berührt. Allerdings gibt es davon unterschiedlich viele an den unterschiedlichen Körperstellen. Daher können wir manchmal exakt angeben, dass wir von zwei Zirkelspitzen berührt werden, manchmal nehmen wir zwei kleine Pikser nur als einen wahr.

Wer ist die Stärkste?
Erbsen im Gips

Die getrockneten Erbsen sehen schwach und farblos aus, so, als hätten sie keine Energie mehr. Aber das täuscht. Sie brauchen nur ein kleines bisschen Wasser, um ihre ganze Kraft zu entfalten. Jetzt müssen wir nur noch herausfinden, welche Erbse die stärkste ist.

Was du brauchst:
• Leitungswasser • 15 EL Gips • 5 getrocknete Erbsen • Küchenwaage • einen Plastikbecher (den du nicht mehr brauchst, z. B. vom Joghurt) • 5 kleine Silikonförmchen oder Minijoghurtbecher • Löffel

Gips anrühren: Zunächst füllst du das Wasser in den Plastikbecher. Jetzt kommt der Gips dazu. (Das Verhältnis wählen wie auf der Verpackung angegeben.) Die Reihenfolge ist wichtig, damit sich keine Klumpen bilden. Mit dem Löffel rührst du kräftig um, bis eine cremige Gipsmasse entstanden ist.

Die Masse verteilst du gleichmäßig auf die fünf Förmchen.

Jetzt kommen die Erbsen ins Spiel. Mit dem Stiel des Löffels drückst du in jeden kleinen Gipskuchen eine Erbse hinein.

Dann heißt es warten. Der Gips muss fest werden. Das dauert mindestens eine Stunde. Wenn sich die Pampe in kleine Küchlein verwandelt hat, kannst du sie aus den Förmchen lösen, auf ein Papier legen und jeder Erbse einen Namen oder eine Nummer geben.

Den übrigen Gips auf keinen Fall in den Ausguss schütten, sondern im Mülleimer entsorgen. Er wird sonst fest und verstopft die Wasserrohre.

Nach ca. zwei Stunden wird wohl die erste Erbse ihren Gipsmantel sprengen. Sie ist der Sieger!

Kannst du mir mal helfen? Ich stecke hier fest!

Woher hat die Erbse ihre Kraft?

Eine getrocknete Erbse enthält kein Wasser mehr, aber in ihr steckt noch alles andere, was eine Erbse ausmacht: Zucker, Nährstoffe und Wissen. Wenn die Erbse Wasser bekommt, beginnt sie, wieder lebendig zu werden. Sie will zu einer neuen Erbsenpflanze werden, die viele Erbsenschoten produziert. Deswegen keimt sie. In diesem Fall entzieht die Erbse dem Gips das Wasser. Sie plustert sich auf, löst sich aus ihrer Haut und wächst Richtung Sonne. Den Gipsmantel sprengt sie mit ihrer Energie.

Das ist doch Quark!

Was du brauchst:
- 500 ml Vollmilch (keine haltbare Milch)
- Messbecher • ½ Zitrone • Zitronenpresse
- Esslöffel • Kaffeefilter • Kanne • Mullwindel
  (feinmaschiges Tuch) • eventuell frische Erdbeeren

Gib 500 ml Milch in den Messbecher. Die Milch sollte Raumtemperatur haben, wenn du mit dem Experiment startest.

Presse den Saft aus der halben Zitrone.

Mir reicht es jetzt. Ich kann nicht mehr. Ich habe Hunger. Großen Hunger, Ed. Ich streike. Im Kühlschrank ist nur noch Milch für deinen Kaffee, sonst nichts ...

Gieße den Zitronensaft zur Milch in den Becher und rühre mit dem Löffel um, damit der Saft sich gut verteilt. Die Milch flockt sofort aus.

Aber daraus kann man doch auch etwas machen! Quark zum Beispiel. Soll ich es dir zeigen?

4 Lege die Mullwindel zweifach gefaltet in den Kaffeefilter und stelle den Filter auf die Kanne.

Essen ist fertig!

5 Gieße den Milchbruch in den Filter und lasse das Wasser abtropfen. Übrig bleibt der Quark, den die Mullwindel auffängt.

6 mmhhh

Den Quark kannst du jetzt pur essen oder mit Erdbeeren oder anderem Obst und etwas Honig.

Muh!

Ha, und weißt du was? Für den Rest sammeln wir mit Mou frische Kräuter!

Wieso wird die Milch zu Quark?

Echten Quark macht man eigentlich mit Bakterien oder Enzymen. Allerdings funktioniert das Ganze auch mit der Zitrone. Das Eiweiß (Protein) in der Milch, auch Kasein genannt, verändert seine Struktur, wenn es mit der starken Säure der Zitrone in Berührung kommt. Es flockt aus. Übrig bleibt der Quark, der ein Frischkäse ist. Wenn man den Quark pressen und das Wasser entfernen würde und ihn reifen ließe, dann würde er zu Käse.

Wer erkennt das richtige Blatt? Eine Blindverkostung

Wer Pflanzen richtig gut kennenlernen will, der kann sie natürlich unter einer Lupe angucken oder ein Buch darüber lesen. Viele Pflanzen kann man aber auch essen und sie an ihrem Geschmack erkennen.

Was du brauchst:
• 3 verschiedene essbare (Wild-)kräuter oder Blätter, gesammelt oder gekauft: z. B. Linde, Petersilie, Löwenzahn, Gänseblümchen, Schnittlauch, Knoblauchsrauke, Pimpernelle, Zitronenmelisse, Stiefmütterchenblüten ... • Tuch • Trinkwasser zum Mundspülen

1 Als Erstes müssen natürlich die Blätter und Blüten gekauft oder noch besser gesammelt werden. Dafür könnt ihr in den Wald oder einen Park gehen. Wichtig ist jedoch, Blätter zu nehmen, auf die keine Hunde gepinkelt haben, also von weit oben oder aus einem Gebiet mit Hundeverbot.

2 Mache schön getrennte Häufchen von deinen Blättern.

Ich weiß ja gar nicht, was ich hier sammeln soll. Das sieht doch alles gleich aus ...

Dann musst du mal die Augen zumachen und die Blätter probieren. Dann wirst du den Unterschied schon schmecken.

3 Verbinde dem ersten Tester die Augen mit einem Tuch, damit er nichts mehr sehen kann.

4 Füttere den ersten Tester mit dem ersten Blatt. Und, erkennt er, was er nascht?

5 Lass den Tester zwischendurch immer einen Schluck Wasser trinken, um den Geschmack im Mund wieder zu neutralisieren.

Beim Sammeln von Wildkräutern sollte man sich wirklich auskennen! Sonst kauft man sie lieber, denn ein falsches Blatt zu essen, kann gefährlich werden.

Dann ist es ja gut, dass ihr mich dabei habt. Ich habe mich nämlich schon im wildesten Dschungel nur von dem ernährt, was ich finden konnte.

Das ist Löwenzahn. Den erkenne sogar ich!

Wieso schmecken die Blätter so unterschiedlich?

Jedes Blatt besteht aus unterschiedlichen Inhaltsstoffen. Manche Blätter sind zum Beispiel bitter wie Löwenzahn oder scharf wie Rucola. Das machen die Blätter, um sich vor Fressfeinden zu schützen. Manche Blüten dagegen schmecken durch den Nektar, den sie für die Bienen bereithalten, besonders süß.

Partyballons – und wer bläst sie auf?

Ballons kann man ganz klassisch mit dem Mund aufblasen, bis man aus der Puste ist. Ed kennt jedoch einen Trick, der sich eine einfache chemische Reaktion zunutze macht.

Was du brauchst:
• 1 Luftballon • 1 Trichter • 1 Päckchen Backpulver
• 1 Getränkeflasche mit schmalem Hals • Essig

> Jetzt aber schnell, Richard. Hilf mir mal. Da sehe ich doch schon Rebecca Zaubersaft und Olav Reiseweit kommen!

Stecke den Trichter in die Öffnung des Luftballons.

Fülle das Backpulver in den Trichter und lasse es in den Ballon rieseln. Ziehe den Trichter aus dem Ballon heraus.

Fülle die Wasserflasche zu einem Drittel mit Essig.

Yiiipiiiehhh ... jetzt kann die Party losgehen!

Stülpe den Luftballon über die Öffnung der Flasche. Lass das Backpulver in den Essig rieseln.

Schau zu, wie der Ballon wie von Zauberhand aufgeblasen wird.

Woher kommt die Luft im Ballon?

Die Luft im Ballon ist ein Gas, das entsteht, wenn das Natron (Natriumhydrogenkarbonat), aus dem das Backpulver besteht, mit dem Essig reagiert. Das Gas nennt sich Kohlenstoffdioxid, und es pustet den Ballon auf. Wenn man Backpulver in einen Teig gibt, passiert etwas sehr Ähnliches: Der Kuchen oder das Brot geht auf, weil im Teig durch das Natron Luftblasen entstehen.

Bleib trocken mit dem Wasser über dem Kopf

Was du brauchst:
• 1 kleinen Eimer • Leitungswasser

Gib Wasser in den Eimer, aber nur so viel, dass er schön leicht ist und du ihn schwingen kannst.

Gehe nach draußen.

Wenn du den Eimer zügig über den Kopf schwingst, bleibt das Wasser drin und du bleibst trocken.

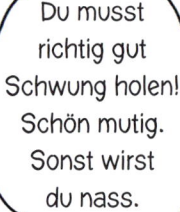

Aber so eine Abkühlung ist doch bei der Hitze genau das Richtige!

Wieso fällt uns das Wasser nicht auf den Kopf?

Die Kraft, die bei diesem Experiment wirkt und das Wasser an den Eimerboden presst, nennt man Fliehkraft oder auch Zentrifugalkraft. Sie wirkt wegen des Trägheitsprinzip, denn ein Körper – in diesem Fall das Wasser – will sich eigentlich gar nicht bewegen. Wird es also im Kreis geschwungen, bleibt es an Ort und Stelle.

Hunger auf Melone?
Knack sie!

Richard hat im Internet ein ganz verrücktes Video gesehen, in dem mit Gummis eine Melone geknackt wird.

Was du brauchst:
• 1 Melone • sehr, sehr viele große Haushaltsgummis (ca. 600 Stück) • Kleider, die dreckig werden dürfen • Freunde, die helfen • Schutzbrillen (z. B. Schwimmbrillen)

Komm! Wir gehen raus. Das Wetter ist supersonnenstrahlig.

Ich habe was gefunden! Das ist noch besser! Das ist bombasta-melonig! Das will ich machen! Sonst nichts!!

Dafür braucht ihr aber absoluten Sicherheitsschutz. Und ihr müsst rausgehen. Das wird sonst eine riesengroße Klatschmatsch-Sauerei ... Oje, worauf habe ich mich da nur eingelassen.

1

Lege die Melone draußen auf einen Untergrund, der dreckig werden darf.

Das ist soooooooooo ultra-über-aufregend! Ich kann gar nicht hingucken.

2

3

Nimm die Haushaltsgummis und positioniere sie nach und nach in der Mitte der Melone.

Spanne noch mehr Gummis um die Melone, bis die Schale knackt und die Melone explodiert.

Warum platzt die Melone?

Die Gummis bauen großen Druck auf die Melonenschale auf und irgendwann gibt sie nach. Denn innen drin ist das weichere Fruchtfleisch, in das die Schale hineindrückt. Erst gibt es leicht nach und dann immer mehr, sodass die Schale allein dem Druck nicht mehr standhalten kann. Sie platzt.

Das Melonenexperiment ist besonders lustig, wenn man es mit mehreren Leuten zusammen macht. Zum Beispiel bei einem Kindergeburtstag. Wenn man alleine ist, kann man einen ähnlichen Versuch zum Beispiel mit einer Orange machen. Das ist zwar nicht ganz so spektakulär, aber verdeutlicht den Effekt ebenfalls und geht schneller. Wichtig ist, dass die Schale härter ist als der Kern.

4

Iss die Melone einfach auf.

Wie wird Matschwasser klar? Ein Filter

Was du brauchst:
• 1 große Einweg-Plastikflasche • Schere • 3 große Wattepads • 2 Handvoll kleine Kieselsteine • große Kieselsteine • Sand • Holzkohle • Auffangbehälter • Matschwasser

Schneide den Boden der Wasserflasche ab.

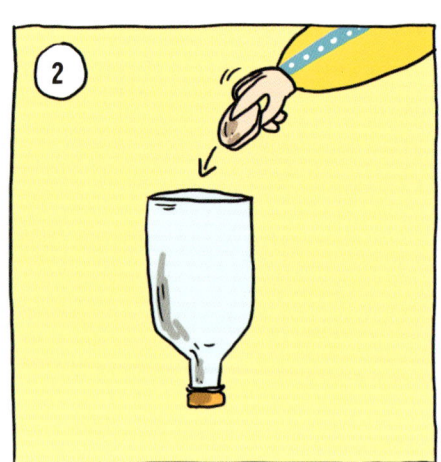

Befülle die umgedrehte Flasche nun schichtweise. Beginne mit zwei Wattepads, die du ganz unten über den Deckel legst.

Gib kleine Kieselsteine auf das Wattepad.

Brich die Holzkohle in Brocken und streue sie darüber.

Das Wasser ist ja ganz übertrübe. Ich kann überhaupt keine Fische sehen! Alles braune Matschepampe.

Dann müssen wir einen Filter bauen. Ich zeige dir, wie es geht.

Lege ein weiteres Wattepad auf die Kohle.

Gib Sand in die Flasche. Darauf kleine und dann die großen Kieselsteine.

Kann ich das jetzt endlich trinken?

Das Wasser muss erst unten wieder herausgetropft sein.

Öffne den Deckel der Flasche und positioniere sie über dem Auffangbehälter.

Schütte das Matschwasser in den Filter und beobachte, wie es langsam hindurchsickert.

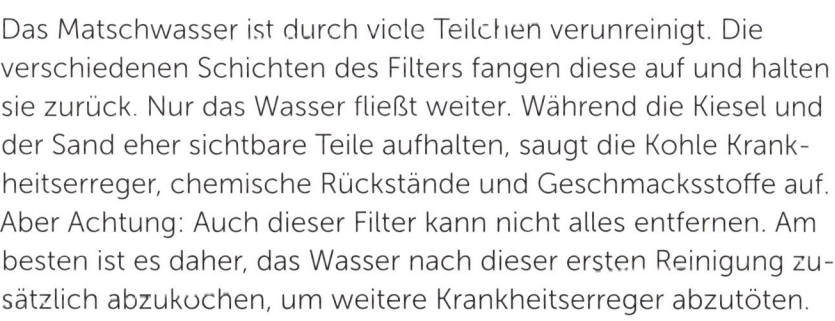

Wie reinigt der Filter das Wasser?

Das Matschwasser ist durch viele Teilchen verunreinigt. Die verschiedenen Schichten des Filters fangen diese auf und halten sie zurück. Nur das Wasser fließt weiter. Während die Kiesel und der Sand eher sichtbare Teile aufhalten, saugt die Kohle Krankheitserreger, chemische Rückstände und Geschmacksstoffe auf. Aber Achtung: Auch dieser Filter kann nicht alles entfernen. Am besten ist es daher, das Wasser nach dieser ersten Reinigung zusätzlich abzukochen, um weitere Krankheitserreger abzutöten.

Jetzt ist das Wasser ja ganz klar!

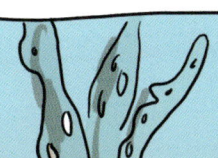

85

Lecker! Erdbeeeeren! Eis machen ohne Eismaschine

Was du brauchst:

• 250 g frische, süße Erdbeeren • 2 Zweige frische Minze • 5 EL weißes Mandelmus • Pürierstab
• 1 großen Gefrierbeutel • 1 mittelgroße Schüssel
• 1 große Plastikschüssel • 1 paar Handvoll Eiswürfel • 1 stabile Plastiktüte • Hammer • 6 EL Salz
• 1 Paar frische Putzhandschuhe

Also, bevor wir Eis machen können, musst du dich aber waschen, Richard. So ist das sehr unhygienisch.

Das heißt, dass das Eis dreckig wird und lauter Bakterien darin herumwimmeln, wenn man sich vor der Zubereitung nicht die Hände wäscht.

Was heißt das, unhüpfdings?

Fülle die Erdbeeren in die kleinere der beiden Schüsseln. Zupfe die Minzblättchen hinein und gib 5 EL weißes Mandelmus dazu.

Püriere die Masse ganz fein und glatt, sodass sie gut vermengt ist.

Fülle die Masse in den Gefrierbeutel und verschließe ihn.

Gib die Eiswürfel in die große Tüte, verschließe sie gut, und haue mit dem Hammer darauf, bis die Würfel zerkleinert sind.

Fülle den Eiswürfelmatsch in die große Schüssel und gib das Salz dazu.

Ziehe die Handschuhe an und lege den kleinen Gefrierbeutel in die Eis-Salz-Mischung. Knete den Beutel zwischendurch immer wieder, damit das Eis schön cremig wird.

Warum gefriert das Eis so schnell?

Zum Schmelzen braucht das Eis Energie. Die entzieht es seiner Umgebung, die dadurch abkühlt. Damit das Salz sich im Wasser auflösen kann, benötigt es ebenfalls Energie, wodurch die Umgebungstemperatur noch mehr sinkt. Eigentlich müsste das Wasser bei so niedrigen Temperaturen wieder gefrieren. Doch durch das im Wasser gelöste Salz sinkt der Gefrierpunkt – der Zustand des Wassers bleibt flüssig.

Siehst du das?
Eine Lupe

Mou hat einen Brief geschrieben vom 280sten der siebzehn Bettenberge im Schlummerland. Da war Ed früher auch einmal, um ganz kleine Schlaftiere zu erforschen. Aber jetzt kann Ed nicht einmal mehr den Brief lesen, weil er so schlecht sieht. Altersweitsichtigkeit nennt man das.

Was du brauchst:
• 1 Stück Karton • Stift • Schere • Buchfolie
• Leitungswasser • 1 Löffel

Zeichne die Umrandung einer Lupe auf den Karton und schneide sie aus.

Schneide ein Stück Buchfolie ab, das doppelt so groß ist wie der Kopf der Lupe.

Ziehe das Schutzpapier von der Folie ab und platziere die Lupe so darauf, dass du die Folie auf der Vorder- und Rückseite der Lupe anbringen kannst.

Klebe die Folie auf Vorder- und Rückseite fest und presse sie in der Mitte gut aufeinander.

Schneide die überstehende Folie am Rand ab.

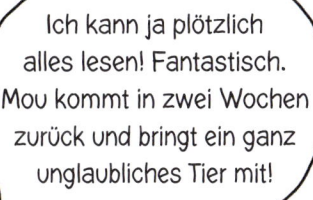

Ich kann ja plötzlich alles lesen! Fantastisch. Mou kommt in zwei Wochen zurück und bringt ein ganz unglaubliches Tier mit!

Schau durch die Lupe und merke dir, wie alles aussieht.

Gib mithilfe des Löffels vorsichtig Wasser auf die Lupe und blicke dann erneut hindurch. Was hat sich verändert?

Warum sieht durch eine Lupe alles größer aus?

Eine konvexe Sammellinse, wie man sie für eine Lupe verwendet, vergrößert die Dinge, die man sich ansieht, durch eine nach außen ragende Wölbung im Glas. Das Wasser auf unserer Buchfolie wölbt sich ebenfalls auf der Folie. Wenn du von der Seite daraufguckst, kannst du die Wölbung erkennen.

Eiertanz – welches Ei ist träge?

Richard hat mal wieder enormitisch großen Über-drüberhunger und kocht deshalb ganz viele Eier. Nur hat er, wie immer, vergessen, ein wenig Ord-nung zu halten. Da muss ihm wohl Ed helfen, um herauszufinden, welche Eier nun schon gekocht sind und welche noch roh.

Was du brauchst:
• 1 gekochtes Ei • 1 rohes Ei

1

Lege die beiden Eier auf eine glatte Oberfläche.

2

Drehe das erste Ei um seine
eigene Achse wie einen Kreisel.
Dreht es sich gut?

3

Wiederhole den Versuch mit
dem zweiten Ei. Was passiert?

Guck, Richard.
Das Ei, das sich
drehen lässt, ist
das hart gekochte.
Die Kreiseleier
können wir jetzt
also alle essen.

Warum lässt sich nur ein Ei drehen?

Im ungekochten Ei befinden sich Eiweiß
und Eigelb, die du bestimmt vom
Kuchenbacken kennst. Wenn man
versucht, das Ei kreiseln zu lassen,
schwappt die glibberige Masse inner-
halb der Schale hin und her, dadurch
wird das Ei schwerfälliger. Ist die Masse
hartgekocht, kann das Ei sich wie ein
Kreisel oder eine Holzkugel verhalten
und sich schön im Kreis drehen.

93

Hui, ein Wasserläufer

Mou ist zurück und hat ein ganz besonderes Tier mitgebracht, das auf dem Wasser laufen kann.

Was du brauchst:
• Plastik von einer Verpackung • 4 Stecknadeln
• Klebefilm • 1 Stück leichte Pappe (2 cm x 4 cm)
• 1 Schüssel • kaltes Leitungswasser

Für diesen Wasserläufer muss man aber gar nicht weit reisen. Den kann man selbst bauen.

1 Schneide vier kleine Stücke aus der Plastikverpackung aus.

Vorsichtig mit den Nadeln! Nicht piksen.

2 Stecke die Stecknadeln durch die Mitte der Plastikstücke, bis der Kopf der Stecknadel das Plastik berührt, und fixiere die Köpfe mit Klebeband an dem Plastik. Schneide dafür jeweils ein Stück Klebefilm ab, stelle das Stecknadel-Bein auf den Klebefilm, schlage den Klebefilm an der Fußoberfläche um und klebe ihn fest.

3

Stich die Nadelspitzen nun in den vier Ecken durch den Karton, sodass alle vier Beine gleich lang sind.

4

Fülle kaltes Leitungswasser in die Schüssel.

5

Setze den Wasserläufer auf die Wasseroberfläche und beobachte, wie das Wasser ihn trägt.

Wieso geht der Wasserläufer nicht unter?

Der Wasserläufer schwimmt nicht. Er wird von der Oberflächenspannung des Wassers getragen. Die Oberflächenspannung macht die Wasserhaut zu einer Art Folie an den Stellen, wo das Wasser auf Luft trifft. Daher kann die Wasserhaut leichte Gegenstände tragen. Wenn du genau hinsiehst, kannst du um die Wasserläuferfüße herum kleine Einbuchtungen erkennen. Wenn man die Oberflächenspannung zum Beispiel mit ein paar Tropfen Spülmittel zerstört, geht der Wasserläufer unter.

Wo gehts lang?
Ein Kompass

Wenn man sich mal verlaufen hat in der Natur, dann braucht man einen Kompass, um sich wieder zu orientieren. Dann kann man immer in eine Richtung laufen und einen Ausweg finden. Zum Glück weiß Ed, wie man selbst einen Kompass bauen kann.

Was du brauchst:
• ein Schälchen • Wasser • 1 Nadel • 1 Magneten mit Nord- und Südpol • Klebefilm • 1 kleines Stück Tonpapier

Fülle Wasser in das Schälchen.

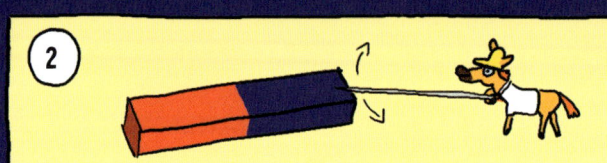

Magnetisiere die Nadel, indem du ihre Spitze ca. 5 Minuten auf dem Nordpolteil des Magneten (mit N markiert) hin- und herreibst.

Den Magneten jetzt schön weit weg bringen, damit er das Ergebnis nicht verfälscht!

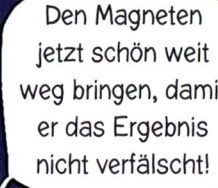

Richard! Jetzt hör auf mit dem Quatsch und bleib stehen. Wir müssen jetzt mal herausfinden, wie wir wieder nach Hause kommen!

Ach, wieso denn? Es ist doch so schön hier. Guck mal, an der Hütte sind wir vorhin doch schon einmal vorbeigelaufen ... wie schön. Ich glaube, da gibt es auch etwas zu essen.

Klebe das Stück Tonpapier mit dem Klebefilm an die Nadel.

4

Lege die Nadel nun auf die Wasseroberfläche. Beobachte, wie sie sich dreht und in welche Richtung sie zeigt, wenn sie stehen bleibt. Die Nadelspitze zeigt nun nach Süden. Der Nadelkopf nach Norden.

Guck mal, Richard. Da ist Norden. Das heißt, wir müssen in die andere Richtung laufen. Denn wir wohnen südlich des Berges.

Gut, können wir trotzdem noch was essen in der Hütte?

Wie wird die Nadel zum Kompass?

Unsere Erde ist selbst ein großer Magnet. Wo der geografische Südpol ist, die Antarktis, befindet sich der magnetische Südpol. Der magnetische Nordpol liegt in der Nähe der Arktis, also dem geografischen Nordpol. Der magnetische Südpol zieht nun die Nordpol-seite der Nadel an. Daher zeigt die Nadel nach Norden und kann uns den Weg weisen.

5

Zur Kontrolle macht es Sinn, einen richtigen Kompass bereitzuhalten. So kannst du vergleichen, ob beide Kompassnadeln das Gleiche anzeigen.

WOCHE 36

Was wächst denn da?
Eine Algenzucht

Wenn man draußen ist, kann man meistens gleich ein Experiment machen. In der Natur gibt es eigentlich immer etwas zu erforschen, zu sammeln oder zu untersuchen.

Was du brauchst:
• 2 mittelgroße Einmachgläser mit Deckel • Wasser aus einem kleinen See oder Bach, in dem Algen wachsen • Flüssigdünger für Blumen

Fülle die beiden Einmachgläser mit Wasser.

Gib in beide Gläser ein wenig Flüssigdünger und verschließe sie.

Stelle ein Glas an einen kühlen, dunklen Ort. Platziere das andere Glas auf einem Fensterbrett mit Sonneneinstrahlung.

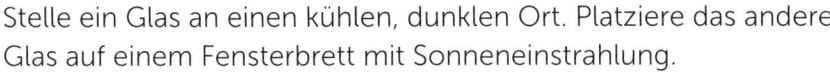

Wieso wachsen die Algen nur in einem Glas?

Um sich gut zu entwickeln, benötigen Algen das Gleiche wie alle anderen Pflanzen: Nährstoffe und Licht. Nur mit der Hilfe von Licht kann Photosynthese stattfinden. So nennt man den Vorgang, bei dem Pflanzen die Lichtenergie der Sonne nutzen, um aus Kohlendioxid und Wasser, Sauerstoff und Zucker herzustellen. Die Pflanzen vermehren sich und wachsen. Die Algen im Glas, das im Dunklen steht, bekommen kein Sonnenlicht und dadurch auch keine Energie, um sich zu vermehren.

Sei geduldig und warte ein paar Tage. Das Wasser im Glas auf dem Fensterbrett wird immer grüner werden wegen der Algen, die darin wachsen. Das Wasser im Dunkeln wird seine Farbe kaum verändern.

Schon aus der Puste?
Der Lungenvolumentest

Jedes Mal, wenn wir einatmen, pressen wir Luft in unsere Lungenflügel. Das ist wichtig, denn ohne Luft können wir nicht leben. Aber unsere Lungen sind unterschiedlich groß und stark. Manche sind besonders fit, zum Beispiel die von Sportlern wie Richard, dem 136 $\frac{1}{8}$-fache Meister im Witzeheben.

Was du brauchst:
• Leitungswasser • 5-Liter-Wasserkanister (leer und am besten mit Ausguss) • ein paar Trinkhalme, die man knicken kann • 1 wasserfesten Stift • Messbecher • 1 große Schüssel oder Wanne

Miss mit dem Messbecher mehrmals 500 ml Leitungswasser ab und gieße es in den Kanister. Markiere den Wasserstand mit dem wasserfesten Stift. Wiederhole dies zehnmal, bis du am Kanister zehn Markierungen hast. So können wir nachher unser Lungenvolumen ablesen.

Fülle Wasser in die Wanne. Das Wasser muss hoch genug sein, um den Kanister komplett zu bedecken, wenn dieser auf dem Kopf in der Wanne steht. Dann ist der Kanister dran: Er muss richtig voll sein mit Wasser. Dann kommt der Deckel auf den Kanister. Durch den Ausguss des Kanisters wird nun noch so viel Wasser reingefüllt wie nur möglich.

Mit dem Daumen hältst du den Ausguss zu und drehst den Kanister über der Wanne um und stellst ihn kopfüber hinein. Du musst den Kanister immer festhalten, damit er nicht umkippt, und sicherstellen, dass der Ausguss unter Wasser bleibt. Dann kannst du den Daumen vom Ausguss nehmen. Etwas Wasser wird auslaufen, aber das hört ganz schnell wieder auf.

Knicke einen Trinkhalm. Der kürzere Teil wird unter Wasser in den Ausguss gesteckt. Der längere Teil guckt aus dem Wasser raus.

So: Atme tief ein. Nimm den Trinkhalm in den Mund und puste, was das Zeug hält, so lange du kannst. Es blubbert und die Luftblasen steigen im Kanister hoch. Immer mehr Wasser wird verdrängt.

Richard! Nun zeig einmal, was in dir steckt!

Was macht die Luft in der Lunge?

Menschen brauchen Sauerstoff, um zu überleben. Sauerstoff ist ein Gas und Teil der Luft. Wenn wir die Luft einatmen, dann landet sie in unserer Lunge. Dort wird der Sauerstoff gegen Kohlendioxid getauscht. Dieser Austausch ist wichtig, denn das Kohlendioxid muss raus aus dem Körper und der Sauerstoff muss rein. Vor allem, wenn wir uns bewegen, brauchen wir viel Sauerstoff, also viel frische Luft in der Lunge. Wer ein größeres Lungenvolumen hat, ist weniger schnell aus der Puste. Er kann länger rennen, klettern oder schwimmen.

Wenn du keine Luft mehr hast, ist der Test zu Ende. Mithilfe der aufgezeichneten Skala kannst du nun ablesen, wie groß dein Lungenvolumen ist. Vergleiche es mit dem deiner Freunde, Geschwister oder Eltern. Siehst du den Unterschied?

Fett schwimmt oben

Weißt du, warum du so gut auf dem Wasser treiben kannst? Weil Fett immer Auftrieb hat und oben schwimmt. Ich habe auch ein Experiment dazu ...

Was du brauchst:
• 2 durchsichtige Gläser • Leitungswasser
• wasserlösliche Lebensmittelfarbe • Speiseöl (z. B. Sonnenblumen- oder Rapsöl) • mehrere Postkarten

Fülle eines der Gläser randvoll mit Wasser. Gib etwas Lebensmittelfarbe hinzu und rühre gut um. Fülle eventuell noch einmal etwas Wasser nach, damit das Glas wieder randvoll ist.

Fülle das zweite Glas randvoll mit Öl.

Lege eine Postkarte auf das Wasserglas. Drücke mit der Hand auf die Postkarte und drehe das Glas blitzschnell um. Nimm die Hand von der Karte.

Eigentlich hält die Karte das Wasser im Glas. Wenn es nicht sofort klappt, nimm einfach eine neue Karte.

Stelle das umgedrehte Wasserglas so auf das Öl-glas, dass die Ränder der Gläser genau übereinan-dersitzen

Gib gut acht. Halte die Gläser fest und stabil und ziehe langsam die Postkarte ein Stück heraus. Beobachte, wie Wasser und Öl die Plätze tauschen.

Wieso tauschen Wasser und Öl die Plätze?

Öl hat eine geringere Dichte als Wasser. Das bedeutet, dass eine bestimmte Menge Öl ein geringeres Gewicht aufweist als die gleiche Menge Wasser. Dadurch wird das Öl vom Wasser, das nach unten sinkt, verdrängt und sprudelt nach oben.

Eine kleine Fruchtfliegenzucht

Im Sommer können Fruchtfliegen in der Wohnung zu einer richtigen Plage werden. Sie sitzen auf Kuchen, Obst und an den Wänden. Willst du wissen, wie sie sich so schnell vermehren?

Was du brauchst:
- 1 leeres Gurkenglas • 1 überreife Banane • 1 Stück alte Feinstrumpfhose • 1 Haushaltsgummi
- Leitungswasser • 1 Lupe

> Komm raus da! Die Banane ist für die Fliegen.

1 Schäle die Banane und schneide sie in Stücke, bevor du sie in das Gurkenglas gibst.

2 Warte, bis sich mindestens 10 Fruchtfliegen auf der Banane niedergelassen haben. (Das kann schon mal einen Tag dauern) Spanne das Stück Strumpfhose über die Öffnung und fixiere es mit dem Haushaltsgummi.

3 Tropfe durch den Stoff hindurch ein klein wenig Wasser auf die Bananenstücke. Es darf jedoch kein Wasser auf dem Boden des Glases stehen. Im Glas muss es für die gesamte Dauer des Experimentes feucht, aber nicht nass sein.

Jetzt musst du etwas Geduld haben. Benutze eine Lupe, um zu beobachten, was im Glas vor sich geht. Nach ein paar Tagen schlüpfen die ersten Maden aus den Eiern.

Lasse die erwachsenen Fliegen draußen frei, indem du den Strumpf abnimmst und sie fliegen lässt. Verschließe das Glas wieder.

Beobachte, wie die Maden sich häuten, sich verpuppen und zu Fliegen werden. Das dauert zwischen neun Tagen und zwei Wochen.

Wie entstehen die Fruchtfliegen im Glas?

Die Fruchtfliegen im Glas paaren sich eifrig. Anschließend legen die Weibchen bis zu 400 Eier. Aus diesen Eiern schlüpfen dann die Larven, auch Maden genannt. Das ist bei fast allen Insekten ähnlich. Die Maden häuten sich mehrmals, bis sie sich verpuppen. In ihrem Kokon lösen sie sich auf, und aus der Made entsteht die Fliege, die dann schlüpft.

Lasse die Fliegen draußen frei.

Meine Schatzkiste –
der Kiefernzapfen

Jeder hat ein kleines Geheimnis. Und wenn man mit Richard zusammenwohnt, muss man es ganz besonders gut bewahren, weil er seine neugierige Nase wirklich überall hineinsteckt. Wenn Ed also geheime Post verschicken will, benutzt er dafür einen ganz besonderen „Briefumschlag".

Was du brauchst:
- ganz, ganz kleinen Brief • Frischhaltefolie
- 1 geöffneten Kiefernzapfen • Leitungswasser

Wickle den Minibrief, der gut zwischen die Schuppen des Zapfens passt, in Frischhaltefolie ein. Stecke ihn ganz tief in den geöffneten Zapfen.

Pssst ... wenn man ein Geheimnis hat, muss man ganz leise und schnell arbeiten.

Lege den Zapfen ins Wasser und beobachte, wie sich die Schuppen langsam schließen. Es dauert ein paar Stunden, bis er vollständig geschlossen ist.

Schließe den Abfluss im Waschbecken und lasse Leitungswasser ins Becken laufen.

Jetzt kann der Brief zugestellt werden.

Warum gehen die Zapfen auf und zu?

In den Zapfen speichern die Bäume ihre Samen, mit deren Hilfe neue Bäume entstehen. Der Wind verteilt die trockenen Samen an die unterschiedlichsten Orte. Saugen sich die Samen je- doch mit Wasser voll, werden sie zu schwer und können nicht mehr fliegen. Daher schützt der Zapfen die Samen. Regnet es, schließt er sich und hält sie im Inneren trocken und geschützt.

Drachentier – so fliegt man am besten

Obwohl es kalt und windig ist, möchte Richard unbedingt rausgehen. Weil er immer Hummeln im Hintern hat und Bewegung braucht. Ed hat es sich aber gerade mit einem Buch über Aerodynamik, also darüber, wie sich Körper in der Luft verhalten, auf der Couch gemütlich gemacht. Darin steht einiges über Flugzeuge, Hubschrauber und Drachen.

Was du brauchst:
• 2 Holzleisten (je 0,5 cm Breite in zwei Längen: 83 cm und 100 cm) • Holzfeile • Lineal • feinen Bohrer (kann ein Handbohrer sein, statt einer Bohrmaschine) • buntes Drachenpapier • Holzleim • Papierkleber • Drachenschnur ca. 30 m – max. 60 m • Haspel für die Schnur

> Es ist das perfekte Wetter zum Drachensteigen.

Feile an den schmalen Kanten der Holzleisten ca. 2 mm tiefe Nuten (Vertiefungen) in das Holz.

Bohre, siehe oben, Löcher in die Leisten. Beginne mit der längeren und bohre 3 Löcher hinein. Bohre zwei weitere Löcher in die kürzere Leiste.

Lege die beiden Leisten wie im Bild aufeinander. Die kürzere Leiste muss genau mit ihrer Mitte aufliegen. Verklebe die beiden Leisten mit einem Tropfen Holzleim und lasse ihn nach Anleitung trocknen. Umwickle die Verbindungsstelle außerdem fest mit Schnur.

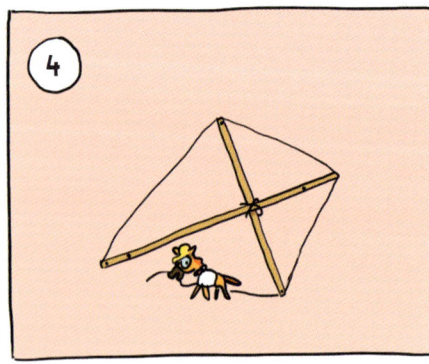

Spanne die Schnur einmal rund um den Drachen. Führe sie durch die Nuten und verknote sie fest, sodass ein Rahmen entsteht. Gib in alle Nuten etwas Klebstoff, damit die Schnur sicher hält.

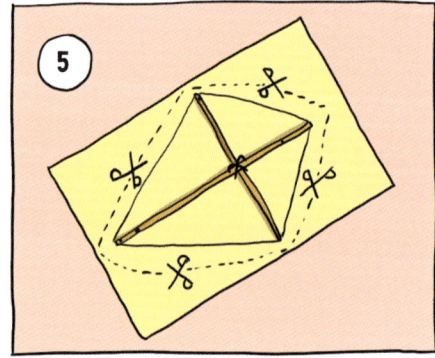

Lege das Gerüst auf das Drachenpapier. Miss von allen Kanten 3 cm ab und zeichne dort eine Linie. Schneide das Papier entlang der Linie aus.

Schlage das Papier nach innen um und klebe es fest, sodass die Schnur in der Falte eingeklebt ist. Lass den Kleber kurz trocknen.

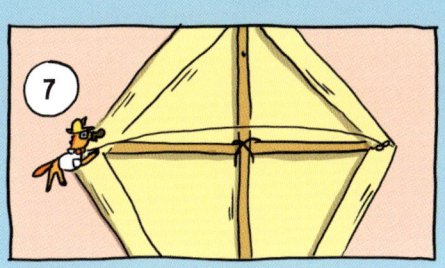

7

Ziehe ein Stück Schnur durch die beiden Löcher der kurzen Leiste und verknote die Schnur so, dass der Drachen leicht gewölbt wird durch die entstehende Spannung.

8

Knote ein 3 m langes Stück Schnur in das untere Loch der langen Leiste. Schneide kleine Rechtecke aus dem Drachenpapier und knote sie in regelmäßigen Abständen an die Schnur.

Wenn der Drachen nicht gut in der Luft liegt, dann kann man mit dem Schnurdreieck spielen. Den Knoten verschieben, den Abstand verkürzen oder auch verlängern, bis der Drachen gut fliegt.

Warum fliegt der Drachen?

Ab Oktober gibt es auf unserer Erdhalbkugel die richtige Windgeschwindigkeit für Drachen, denn es muss eine Kraft geben, die unseren Drachen in die Luft hebt. Diese Kraft ist der Wind. Die Schnüre halten den Drachen im richtigen Winkel dazu, sodass der Wind gegen die Unterseite drücken und den Drachen nach oben anheben kann. Der Schwanz und vor allem die bunten Schleifchen stabilisieren den Drachen beim Flug. Der Schwanz ist wichtig für gutes Steigen und Segeln.

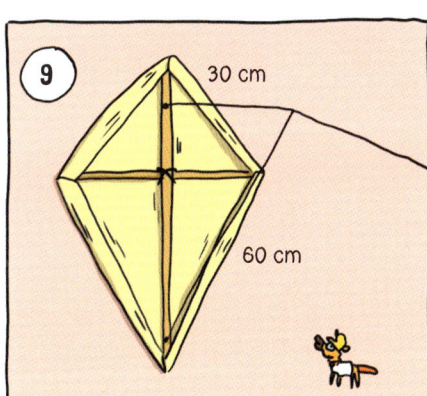

9

30 cm

60 cm

Führe den Rest der Schnur durch die 15 cm vom Rand entfernten Löcher der langen Leiste und verknote diese so, dass ein Schnurdreieck (siehe oben) entsteht. Die lange Schnur dient jetzt der Drachenführung. Knote sie an der Haspel fest und wickle sie auf.

Alles rot mit der Bete

Was du brauchst:
• 3 kleine Schüsseln • Leitungswasser • 2 kleine Rote-Bete-Knollen • 1 Brettchen • 1 Messer

Fülle alle drei Schüsseln mit Leitungswasser.

Halbiere eine Knolle mit dem Messer auf dem Brettchen. Schneide die eine Hälfte in kleine Stücke.

Gib in die erste Schüssel eine ganze Knolle. In die zweite Schüssel gibst du die halbe. In die dritte Schüssel gibst du die klein geschnittenen Stücke. Dann beobachte, was passiert.

Oh, rohe Bete! Das ist so lecker!

Das Wasser in Schüssel eins bleibt klar. In Schüssel zwei wird es rosa und in der Schüssel mit den klein geschnittenen Stückchen wird die Farbe ganz intensiv. Warum nur?

Wärme beschleunigt den Vorgang. Probiere den Vorgang also gerne einmal mit kaltem und einmal mit warmem Wasser aus.

Wieso färbt die Rote Bete das Wasser?

Rote Bete enthält Farbstoffe wie Betenrot und Betanin. Das Wasser nicht. Deswegen fließen die Stoffe aus der roten Knolle in das Wasser. Dafür muss es allerdings Schnittstellen an der Knolle geben. In der ersten Schüssel verhindert die Schale, dass der Farbstoff austreten kann. Das Wasser bleibt daher klar. In der zweiten Schüssel kann der Farbstoff austreten, weil die Rote-Bete-Knolle halbiert ist. Das Wasser färbt sich rosa. Die Fläche, an der die Farbe austreten kann, ist jedoch noch klein. In der letzten Schüssel ist die Fläche groß, da die Knolle in viele kleine Stücke geschnitten ist und an jeder Schnittfläche Farbstoff austreten kann. Das Wasser färbt sich rot.

Die Kartoffel macht Strom – eine Batterie

Was du brauchst:
- 1 Kartoffel • Messer • Schaschlikspieß
- 4 Eincentstücke • 4 Unterlegscheiben aus Zink
- 2 Krokodilkabel • 1 Leuchtdiode

Ich habe die Kerzen gefunden! Ach, irgendwie ist Stromausfall doch auch romantisch.

Aber morgen brauchen wir unbedingt Strom. Ich muss ein Wettrennen von besonders überbegabten Schnellreifenspringern angucken.

Na ja, zum Fernsehen wird es nicht reichen, aber ich weiß, wie man zumindest eine Batterie baut, mit der wir wieder Licht haben.

1 Schneide die Enden der Kartoffel ab. Den Rest teilst du in vier gerade und gleich dicke Scheiben.

2 Bohre mit dem Schaschlikspieß vorsichtig Löcher in die Kartoffelscheiben.

Die Kartoffelscheiben dürfen sich nicht berühren!

3 Baue die Batterie zusammen: Starte mit einer Unterlegscheibe, die du auf den Spieß schiebst. Schiebe als Nächstes eine Kartoffelscheibe darauf. Klemme eine Münze zwischen die Kartoffelscheibe und die nächste Unterlegscheibe. Mache immer so weiter, bis das ganze Material verbraucht ist: Unterlegscheibe – Kartoffel – Münze – Unterlegscheibe – Kartoffel – Münze …

Biege die Beinchen der Leucht-diode vorsichtig auseinander.

Klemme mit den Krokodilkabeln jeweils ein Leuchtdiodenbein-chen ein.

Wenn es nicht leuchtet, müsst ihr die Klemme an die jeweils andere Seite halten. Dann klappt es!

Wieso leuchtet die LED?

Mit der Kartoffelbatterie hast du Strom erzeugt, und zwar durch eine chemische Reaktion zwischen den Metallen Zink und Kupfer und dem Kartoffelsaft. Das klappt aber nur, wenn der Stromkreis geschlossen ist. Dann können die kleinen Elektronen, so nennt man die kleinen Stromteilchen, im Kreis fließen. Sie entstehen in der Kartoffel und wandern durch die Kabel bis zur Leuchtdiode und bringen diese zum Leuchten.

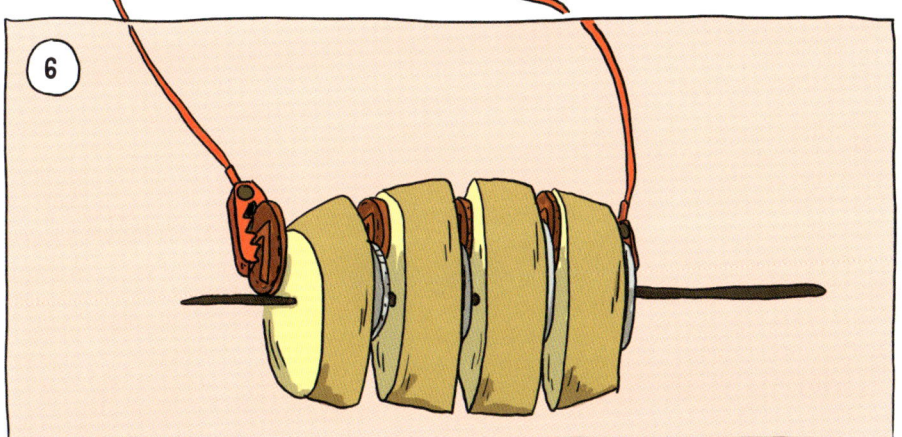

Halte die anderen Krokodilklemmen an die Münze bzw. die Unter-legscheibe. Die Leuchtdiode leuchtet nun ganz sanft.

Was duftet da so?
Ein Aromatest

Was du brauchst:
- 1 Orange • feine Reibe • Zimtpulver • Kreuzkümmel
- Mörser • Lavendelblüten • 4 kleine Schälchen
- 4 Teller • Tuch zum Verbinden der Augen

Manchmal kannst du auch ganz süß sein.

Trotzdem weiß ich nicht, wie ich Orangenschale und Zimt finden soll.

Du erkennst Gewürze immer am Geruch. Ich zeige dir, wie.

1 Bereite zunächst alle Duftstoffe vor. Reibe ein wenig Orangenschale von der Orange in ein Schälchen. Decke es mit einem Teller ab, damit der Geruch drin bleibt.

2 Zerkleinere den Kreuzkümmel im Mörser und gib ihn in ein Schälchen. Gib die Lavendelblüten ebenfalls in ein Schälchen. Genauso das Zimtpulver. Decke alle Schälchen mit Tellern ab.

Verbinde dem ersten Geruchs-
tester die Augen.

Lüfte das Zimmer, damit die Luft wieder rein ist.

Lecker!

Stelle ihm das erste Schälchen
hin, öffne es und lass ihn
schnuppern. Errät er, welchen
Duft er riecht?

Wie können wir Gerüche unterscheiden?

Die Nase nimmt die Düfte in der Umgebung auf. Tief in
unserer Nase gibt es ungefähr 30 Millionen Riechzellen,
die ganz kleine Duftteilchen erkennen. Die Riechzellen lei-
ten die Informationen ans Gehirn weiter. Dort werden sie
mit Erinnerungen und Gefühlen verglichen, die wir mit ihnen verbinden. So erkennen wir einen Duft immer wieder.

Kling, klong – eine Wasserorgel

Viele Dinge, die erst mal wie sinnloser Müll wirken, können noch große Freude bereiten. Daher lohnt es sich immer, einen zweiten Blick daraufzuwerfen.

Was du brauchst:
- 8 gleich große Glasflaschen (Volumen: 0,33 – 0,5 l)
- Leitungswasser • Holzstäbchen oder Löffel
- evtl. Vergleichsinstrument: Glockenspiel, Blockflöte

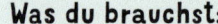

Fülle die acht Flaschen unterschiedlich hoch mit Wasser. Sortiere die Flaschen in der Reihenfolge von der niedrigsten bis zur höchsten Befüllung.

Schlage mit dem Holzstäbchen oder einem Löffel dagegen und lausche, wie unterschiedlich sie klingen.

Warum klingen die Flaschen so unterschiedlich?

Der Ton, der erklingt, wenn du mit dem Holzstäbchen gegen die Wasserflasche klopfst, entsteht durch die Luft, die du dabei in Schwingung versetzt. Kleine Luftmengen schwingen schneller als große. Und eine schnellere Schwingung bedeutet einen höheren Ton. Je mehr Wasser in der Flasche ist, desto höher ist also der Ton. Ist weniger Wasser drin, also umso mehr Luft, ist der Ton tiefer.

Je mehr Wasser man in die Flaschen füllt, umso tiefer wird der Ton.

Du kannst jetzt schon ein kleines Musikstück spielen. Wenn du willst, dass die Wasserorgel wie ein richtiges Instrument klingt, kannst du es mit der Hilfe einer Blockflöte oder eines Glockenspiels stimmen. Dafür nimmst du dir die Töne von c bis c' auf dem Instrument vor und passt die Wassermenge in den Flaschen so an, dass der Ton dem jeweiligen Ton des Instruments entspricht.

Die schwebenden Seifenblasen

Was du brauchst:
• eine möglichst große Glasschüssel oder Vase
• Küchenwaage • Löffel • 150 g Backpulver • Essig
• Seifenblasen

Wiege 150 g Backpulver ab und gib das Pulver in das Glasgefäß.

Hui, was mache ich denn, wenn sie an dem Kasten da zerplatzt? Dann purzele ich ja auf den Boden!

Dafür habe ich eine Lösung. Pass auf!

Gib so viel Essig dazu, dass das Pulver gerade bedeckt ist.

Puste Seifenblasen in das Gefäß und beobachte, was passiert.

PENG

Warum schweben die Seifenblasen?

Backpulver enthält eine Chemikalie, die man Natriumhydrogencarbonat nennt. Zusammen mit der Säure aus dem Essig ergibt das das Gas CO_2: Kohlenstoffdioxid. Und dieses Gas ist stark genug, um die Luftblasen weiter schweben zu lassen. Das liegt daran, dass es viel ‚schwerer ist‘ als Luft und deshalb am Boden liegt. Man nennt das ‚eine höhere Dichte haben‘. Die mit Luft gefüllten Seifenblasen sind leichter und bleiben deshalb schwebend über dem CO_2.

Ein Geschenk: zuckersüße Kristallohrringe

Wenn man eine ganz besondere Freundin hat, so wie Mou eine ist, dann hat die auch ein ganz besonders megatolles Geschenk zu Weihnachten verdient. Selbst gemacht natürlich. Und süß. Und hübsch.

Was du brauchst:
- vier Wassergläser (0,3 l) • 2 mehrkantige Stifte
- Faden • Lineal • warmes (!) Leitungswasser
- ca. 600 g Zucker • Lebensmittelfarbe
- 2 Ohrhaken (gibt es im Bastelbedarfsgeschäft)

> So, jetzt mal Ordnung schaffen und dann ran an den Zucker!

1

15 cm

Schneide Fäden von ca. 15 cm Länge zurecht. Wässere die unteren 5 cm der Fäden und wälze sie in Kristallzucker. Lasse die Zuckerfäden gut trocknen.

2

Wärme zwei Gläser mit warmem Wasser vor. Fülle dann jeweils 150 ml warmes Wasser in die Gläser.

> Wenn der Zucker sich nicht mehr auflöst, nennt man die Lösung gesättigt. Dann kannst du aufhören.

3

Gib esslöffelweise Zucker hinzu und rühre immer wieder gut um, bis sich der Zucker aufgelöst hat.

4

Gib nach Wunsch Lebensmittelfarbe in die Gläser, damit die Ohrringe bunt werden.

Jetzt musst du sehr geduldig sein! Nach ein paar Tagen kannst du beobachten, wie die Kristalle zu wachsen beginnen. Es dauert aber mindestens vier Wochen, bis richtig große Ohrringkristalle gewachsen sind.

Ziehe die Fäden mit den Zuckerkristallen daran aus dem Glas und hänge sie zum Trocknen in zwei leere Gläser.

Binde die Zuckerfäden jeweils an einen Stift und lege sie über die Wassergläser.

Löse die Fäden von den Bleistiften und knote sie an die Ohrhaken. Jetzt sind die Ohrringe fertig.

Wie wird der Sirup zum Ohrring?

Der Zuckersirup ist voller kleiner Zuckerteilchen, die darin schwimmen. Man nennt sie Zuckermoleküle. Wenn das Wasser abkühlt, schwimmen sie immer langsamer. Wenn sie am Zuckerfaden vorbeischwimmen, docken sie dort an, und so sammeln sich dort immer mehr Moleküle, bis ein großer Kristall entsteht. Das Gleiche klappt auch mit Salz. Salzkristalle sehen jedoch anders aus.

Koch es – der Unterschied zwischen Wasser und Limonade

Was du brauchst:
• 2 kleine Töpfe • 200 ml Limonade
• Leitungswasser

Das ist aber ziemlich ungesund, was du da machst. Limonade ist nicht einfach nur Wasser, da ist ganz viel klebrige Pampe drin. Willst du mal sehen?

Lieber nicht.

Also, ich möchte das gerne sehen!

Niomniomniom ...

Gib 200 ml Leitungswasser in den einen Topf und 200 ml Limonade in den anderen.

Stelle beide Töpfe auf den Herd und erhitze die Flüssigkeiten bei mittlerer Temperatur. Bleibe unbedingt die ganze Zeit dabei.

Beobachte, wie die Flüssigkeiten langsam weniger werden.

Am Ende ist der Topf, in dem das Leitungswasser war, leer. Im anderen Topf bleibt eine Art dicker Sirup zurück.

Oh. Klebt das!

Was bleibt im Limonadentopf übrig?

Wasser verdampft bei ca. 100 Grad. Dann ist es nicht mehr flüssig, sondern gasförmig und steigt in die Luft. Deshalb ist der Wassertopf auch leer. Limonade enthält aber noch viele weitere Bestandteile, die nicht so schnell verdampfen. Das ist vor allem Zucker, aber auch Säuerungsmittel, Aromen und Farbstoffe.

Im Dezember stehen immer ganz besondere Bauvorhaben, Planungen und Experimente an. Geschenkeexperimente zum Beispiel. Alles für Weihnachten. Darauf freuen sich Ed, Mou und Richard immer ganz besonders. So ist Weihnachten nämlich perfekt vorbereitet. Wenn Richard noch Geschenke verpacken lernen würde ...

Schreib mir mal! Geheimtinte

Als die drei Freunde heute Morgen aufgestanden sind, war ein Brief im Briefkasten. Aber scheinbar steht überhaupt gar kein kleines bisschen darin geschrieben.

Was du brauchst:
• Zitrone • Zitronenpresse • Blatt Papier • feiner Pinsel
• Bügeleisen und Bügelbrett

Presse den Saft der Zitrone aus.

Nichts zu sehen. Sehr spannend ...

Eine geheime Botschaft?

Nimm den Pinsel, tunke ihn in den Zitronensaft. Male oder schreibe auf das Papier und lasse den Zitronensaft gut trocknen.

Stelle das Bügelbrett auf und bügle das Papier ganz vorsichtig auf einer Unterlage, bis der geheime Text erkennbar ist.

Man kann überhaupt nichts lesen!

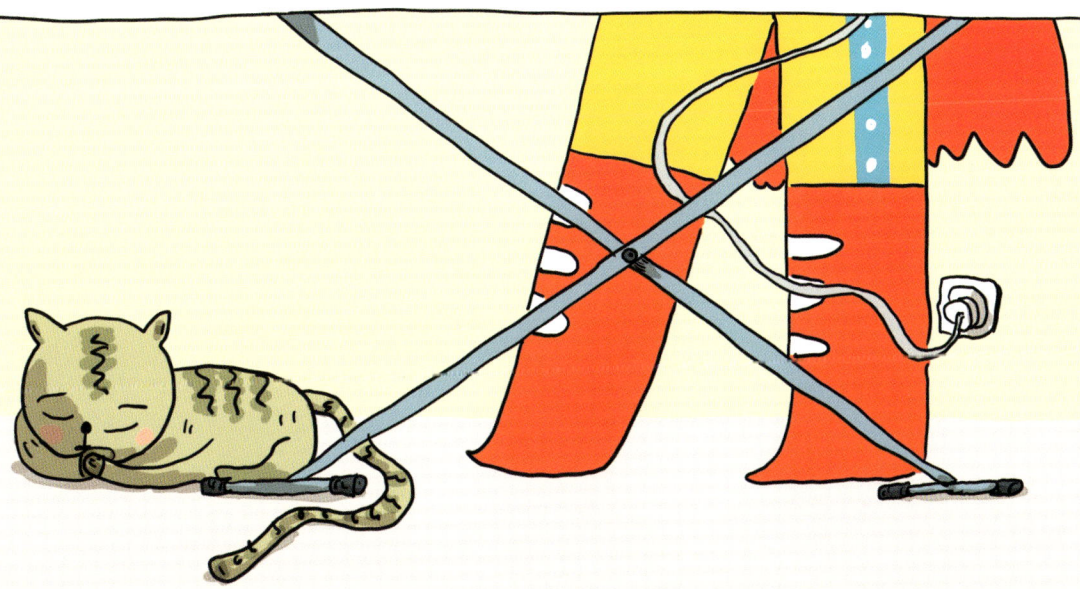

Herzliche Grüße aus der Ferne. Wenn ihr mal mitkommt, zeige ich euch einen Schatz. Eure Mou.

Der Brief ist ja von dir, Mou!

Wieso wird die Geheimtinte sichtbar?

Im Zitronensaft sind Kohlenhydrate enthalten. Das ist eine Art Zucker. Wenn man sie erhitzt, werden sie braun, wie Karamell. Beim Papier dauert es viel länger, bis es anfängt, seine Farbe durch Hitze zu verändern. Durch diesen Unterschied kann man nach dem Bügeln lesen, was mit dem Saft auf das Papier geschrieben wurde.

Alles so schön bunt?
Ein Kaleidoskop

Richard hat mal wieder im Labor in den Kisten gewühlt, weil er Geschenke finden wollte. Aber er konnte nichts entdecken, denn Ed hat jetzt alles extra unsichtbar und geheim versteckt. Da Richard natürlich nicht aufgeben wollte, ist er nach ganz, ganz oben geklettert und, weil er nicht vorsichtig war, mit einem Karton voller Glitzersteinchen auf den Boden gefallen. Plumps!

Was du brauchst:
- 1 Bogen fester Karton • Lineal • Bleistift • Schere
- selbstklebende Spiegelfolie • Kleber • Klarsichtfolie
- bunte Perlen (am besten durchsichtig), Pailletten oder Schmucksteinchen • Klebefilm • weißes Pergamentpapier oder weißes Backpapier

Falten muss man immer ganz genau und superexakt. Die kleinste Verschiefung beim Falten kann am Ende große Auswirkungen haben!

Schneide aus dem Karton eine 13 x 20 cm große Fläche aus.

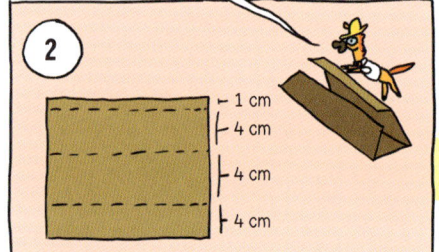

Falte den Karton alle 4 cm parallel zur langen Seite. Ein 1 cm breiter Streifen wird übrig bleiben. Es entsteht eine Art dreieckige Röhre.

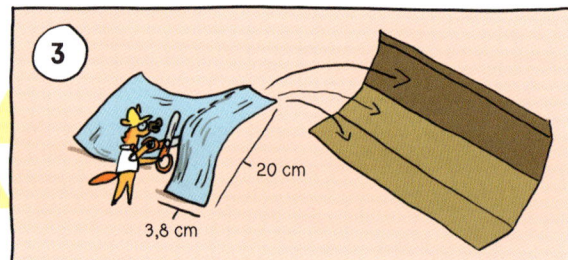

Schneide aus der Spiegelfolie drei 3,8 x 20 cm große Streifen aus und klebe sie vorsichtig auf die Innenseite der Röhre. Wichtig ist, dass die Spiegelstreifen sich nicht berühren.

Falte die dreieckige Röhre erneut und klebe sie mit dem 1 cm breiten Streifen fest. Halte alles so, bis der Kleber trocken ist.

Setze die Öffnung der Röhre als Schablone auf den Karton und umfahre die Röhre mit dem Bleistift. Schneide das Dreieck aus, bohre mit dem Bleistift ein schönes rundes Loch in die Mitte und schneide die überstehenden Pappreste ab. Befestige das Guckloch-Dreieck mit Klebefilm so an der Öffnung der Röhre, dass nur durch das Guckloch Licht fallen kann.

Da muss noch Licht durchfallen können!

6
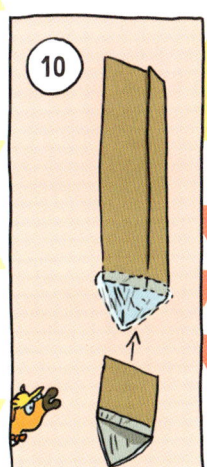

Spanne über die zweite Öffnung der Röhre Klarsichtfolie und klebe sie mit Klebefilm fest.

Schneide ein 13,6 x 5 cm großes Rechteck aus dem Karton. Falte den Karton alle 4,2 cm parallel zur kurzen Seite. Klebe ihn dann wie in Schritt 4 zu einer kleineren Dreiecksröhre zusammen. Benutze dafür den 1 cm breiten Streifen, der übrig bleibt.

Setze die Öffnung der kleineren Röhre als Schablone auf den Karton und umfahre die Röhre mit dem Bleistift. Verlängere die Seiten des Dreiecks (siehe oben), schneide die Form aus und klebe sie als Deckel auf die kurze Röhre.

9

Fülle Pailletten und Perlen in die kurze Röhre.

10

Schiebe die kurze Röhre nun über den Teil der langen Röhre, wo sich die Klarsichtfolie befindet, und befestige die beiden Teile mit Klebefilm.

11

Halte das Kaleidoskop gegen das Licht und blicke durch das Guckloch.

Richard! Komm raus, sonst sehen wir überall nur dich!

hihihi

Wieso entstehen im Kaleidoskop so tolle Muster?

Durch die Spiegelfolie an den drei Kanten wird das Licht, das in das Kaleidoskop einfällt, mehrfach gespiegelt. Man nennt das auch reflektieren. Dadurch sehen wir die kleinen Steinchen und Perlen mehrfach. Dieses Mehrfachbild ergibt das schöne Muster.

135

Der Weihnachtsbaum leuchtet

Was du brauchst:
• 7 Leuchtdioden (4 grüne, 1 gelbe, 2 rote)
• Zange (zum Biegen, nicht zum Abzwicken)
• 1 kleine 9-V-Blockbatterie • 1 kirschgroße Kugel
• feste Bastelknete

MIAU

RICHARD!

Das ist einfach zu gefährlich. Nächstes Jahr gibt es keinen echten Baum mehr. Ich habe eine Idee für was anderes Hübsches.

1

Lege einen Weihnachtsbaum aus den Leuchtdioden. Lege die Drähte so, dass jeweils ein kurzes und ein langes Ende zweier Dioden zusammenliegen.

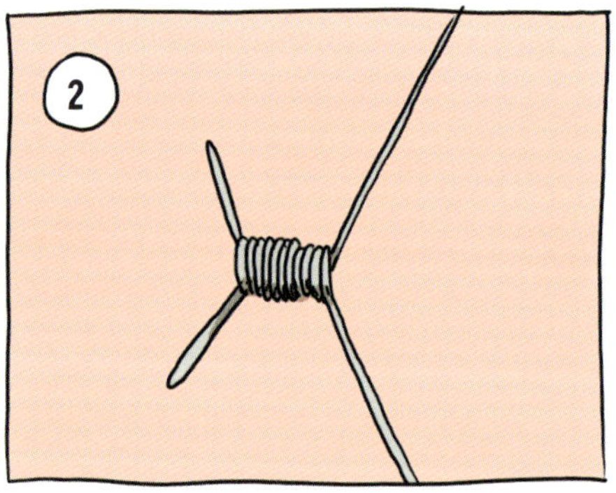

2

Verbinde die Dioden, indem du die Drähte verdrehst, sodass sie eine starke Verbindung haben.

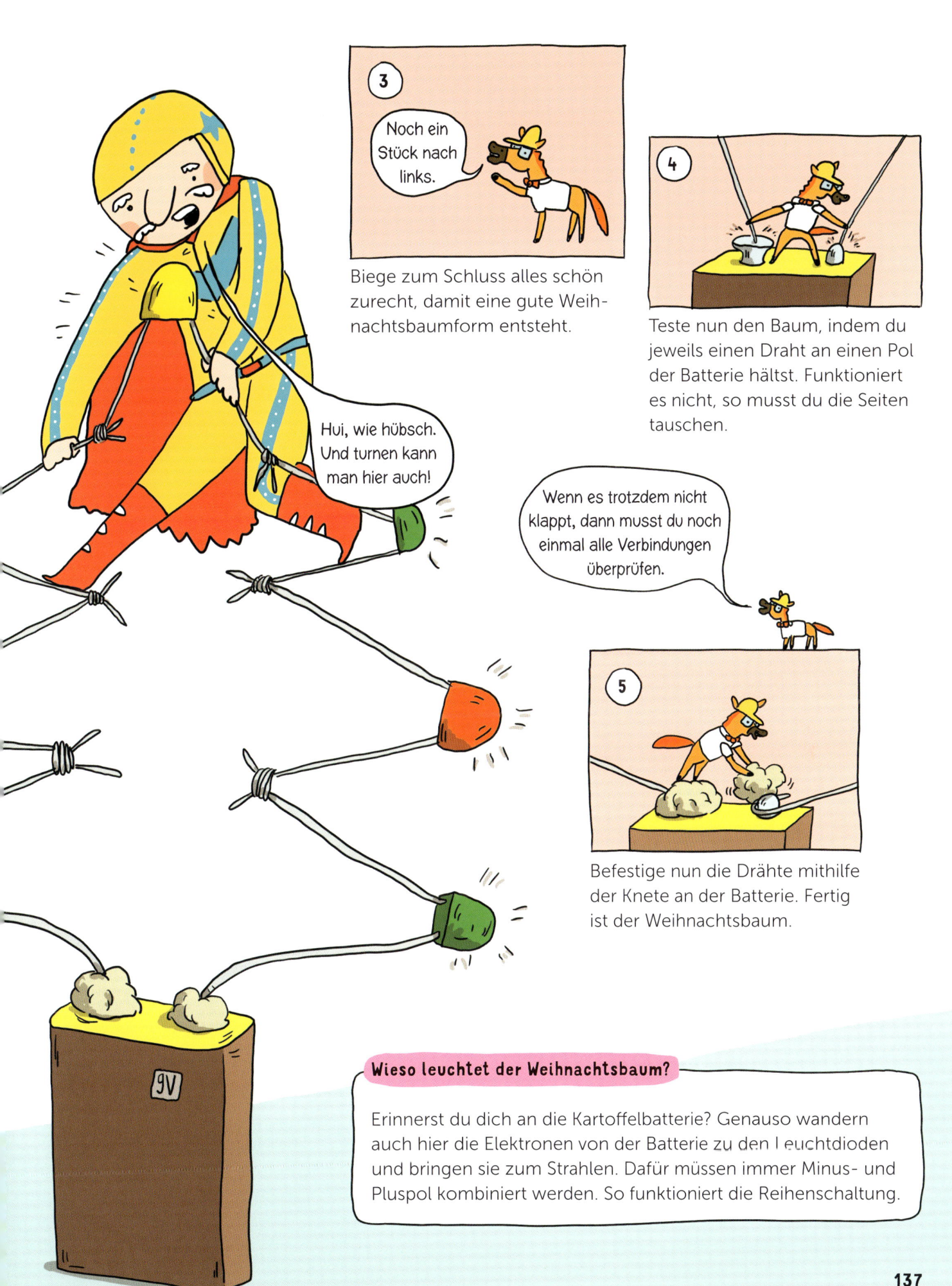

3

Biege zum Schluss alles schön zurecht, damit eine gute Weihnachtsbaumform entsteht.

4

Teste nun den Baum, indem du jeweils einen Draht an einen Pol der Batterie hältst. Funktioniert es nicht, so musst du die Seiten tauschen.

5

Befestige nun die Drähte mithilfe der Knete an der Batterie. Fertig ist der Weihnachtsbaum.

Wieso leuchtet der Weihnachtsbaum?

Erinnerst du dich an die Kartoffelbatterie? Genauso wandern auch hier die Elektronen von der Batterie zu den Leuchtdioden und bringen sie zum Strahlen. Dafür müssen immer Minus- und Pluspol kombiniert werden. So funktioniert die Reihenschaltung.

Mit einem lauten Peng ins neue Jahr

Schwups. Schon ist das Jahr zu Ende und Richard, Ed und Mou haben über 50 Experimente mit euch gemacht. Aber wer wären unsere drei Experimentierexperten, wenn sie am Schluss nicht ein ganz besonders lautes Puff-Peng-Gelärme für uns hätten? Aufgepasst!

Was du brauchst:
• 1 leere Getränkedose • Esslöffel • Herdplatte (oder Kerzenflamme) • Grillzange (um die Dose anzufassen)
• Schüssel • Eiswürfel
• kaltes Leitungswasser

> Komm raus da! Da macht es gleich Peng. Das ist eine Gefahrenzone!

Gib ca. 5 EL Wasser in die Dose.

Fülle einige Eiswürfel und kaltes Wasser in die Schüssel und stelle sie neben dem Herd oder der Kerze bereit.

Stelle die Dose bei mittlerer Hitze auf eine Herdplatte. Du kannst die Dose auch mithilfe der Grillzange über eine Kerze halten.

Warte, bis das Wasser in der Dose kocht. Du hörst es dann blubbern.

5 Nimm die Dose mit der Zange vom Herd, schütte das kochende Wasser in die Schüssel und tunke die Dose kopfüber dort hinein, sodass der Großteil der Dose nicht unter Wasser ist.

6 PENG

Gab es einen lauten Knall? Die Dose ist jetzt ganz verschrumpelt.

PROST!

Wieso macht die Dose so laut PENG?

Was mit der Dose passiert, nennt man Implosion. Das ist so ähnlich wie eine Explosion, aber sie geht nach innen. Die Dose platzt also nicht auf, sondern wird zusammengeschrumpelt. Die Energie dafür kommt durch den Druckunterschied, der beim Abkühlen entsteht. Warme Luft benötigt mehr Raum als kalte, denn sie dehnt sich aus. Wird die Dose erwärmt, strömt Luft nach draußen. Findet die Abkühlung ab, saugt die Dose wieder Luft nach innen. In unserem Experiment ist die Öffnung aber durch das Wasser verschlossen.

141